Kochen wie in
Indien

Kochen wie in Indien

MRIDULA BALJEKAR

Parragon

Bath · New York · Singapore · Hong Kong · Cologne · Delhi · Melbourne

Love Food ® is an imprint of Parragon Books Ltd

Entwurf und Realisation: Bridgewater Book Company Ltd
Fotos: Clive Streeter
Ernährungsberater: Angela Drake und Emma Jane Fros

Realisation der deutschen Ausgabe: trans texas publishing, Köln
Übersetzung: Melanie Schirdewahn, Köln

ISBN 978-1-4075-6763-1
Printed in China

Hinweis

- Sofern die Schale von Zitrusfrüchten benötigt wird, verwenden Sie unbedingt unbehandelte Früchte.
- Sind Zutatenmengen in Löffeln angegeben, ist immer ein gestrichener Löffel gemeint: Ein Teelöffel entspricht 5 ml, ein Esslöffel 15 ml.
- Mit Milch ist immer fettreduzierte Milch mit einem Fettanteil von 1,5 % gemeint.
- Es sollte stets frisch gemahlener schwarzer Pfeffer verwendet werden.
- Einige Rezepte enthalten Nüsse. Allergiker sollten bei Rezepten, in denen Nüsse verarbeitet werden, die Nüsse weglassen.
- Bei Eiern und einzelnen Gemüsesorten, z. B. Kartoffeln, verwenden Sie mittelgroße Exemplare. Kleinkinder, ältere Menschen, Schwangere, Rekonvaleszenten und gesundheitlich beeinträchtigte Personen sollten Rezepte mit rohen oder nur leicht gegarten Eiern meiden.
- Die angegebenen Gar- und Zubereitungszeiten können von den tatsächlichen leicht abweichen, da je nach Zubereitungsart und Herdtyp Schwankungen auftreten können.

Inhalt

Einleitung

Überwältigende Natur, liebenswerte Sitten und Bräuche, uralte Kulturen und herrliche Speisen – all dies erwartet Besucher im wundervollen Indien. Die Inder sind wahre Meister im Umgang mit Gewürzen und Saucen. Aufgrund der vielschichtigen Aromen, inspirierenden Farben und raffinierten Kombinationen hat die indische Kochkunst einen Siegeszug durch die ganze Welt angetreten. Schon früh lockten die duftenden Gewürze fremde Herrscher und Pilger nach Indien, durch deren Einfluss eine geschichtsträchtige, vielschichtige Kochkultur entstand.

Kulturelle Einflüsse

Erstmals findet der Gewürzreichtum des Landes 629 nach Christus in den Reisebeschreibungen des chinesischen Pilgermönchs Xuanzang Erwähnung. Marco Polo ist 1298 der Nächste, der davon berichtet. Während im Norden Indiens Nomadenstämme, Pilger und Händler ihre speziellen Zubereitungsarten einbringen, sind es im Westen die Perser. Das an der Westküste gelegene Goa wird vier Jahrhunderte lang von den Portugiesen regiert, die die Kochkultur dieser Region prägen. In den östlichen Gebieten Indiens findet sich allerdings die größte Vielfalt an Gerichten. Hier stößt man auf sowohl tibetanische, britische als auch bengalische Einflüsse. Eine Ausnahme bildet Südindien. Frei von fremden Impulsen, wurde die indische Küche hier in ihrer ursprünglichen Art bewahrt.

Regionale und religiöse Vielfalt

Geografisch und klimatisch vielfältig, werden in den einzelnen Regionen Indiens unterschiedliche landwirtschaftliche Produkte angebaut und verarbeitet. Dies prägt natürlich die regionalen

Kochkulturen. In Südindien wachsen Kokosnüsse, Curryblätter und feurige Chillies, die in der Küche reichlich Verwendung finden. Im Norden hingegen kocht man mit frischer Minze, frischem Koriander und Garam masala. Ostindische Gerichte sind stark durch das Aroma des häufig verwendeten Senföls geprägt, während in der westindischen Küche viele Milchprodukte auf den Tisch kommen. Ausnahme ist der Bundesstaat Rajasthan, wo man köstliche Wild- und Fleischgerichte liebt.

Auch die Religion hat einen erheblichen Einfluss auf die indische Küche. Der Verzehr von Rindfleisch wird von den Hindus abgelehnt. Kühe sind für sie heilige Tiere und werden als Begleiter Krishnas, einer Reinkarnation des Gottes Vishnu, verehrt. Viele Hindus sind zudem Vegetarier. Im Islam, der zweiten großen Religion Indiens, ist laut Koran hingegen der Genuss von Schweinefleisch verboten. Das Schwein gilt als unrein.

Wen wundert es, dass in einem so unterschiedlichen Einflüssen ausgesetzten Land auch die Küche sehr vielseitig ist. Doch trotz aller Vielfalt – eines haben alle indischen Kochkulturen gemeinsam: die Gewürze.

Verrückt nach Curry

Die indische Küche hat inzwischen den Ruf, eine der besten der Welt zu sein. Indische Speisen werden indes nicht nur im Land selbst verschiedenartig zubereitet, auf ihrer Reise um die Welt wurden sie an westliche Gaumen angepasst oder mit einheimischen Zutaten modifiziert. Heute finden sich indisch inspirierte Gerichte auf der Speisekarte zahlreicher Restaurants, werden von Hobbyköchen gern zu Hause zubereitet und haben sogar den Weg in die Supermärkte Europas, Nordamerikas, Australiens und Afrikas geschafft.

Currygerichte sind sicherlich die beliebtesten indischen Gerichte rund um den Globus. Doch was genau bedeutet das Wort

„Curry“? Eine Gewürzmischung ist es nicht, denn das bei uns bekannte gelbe Currypulver ist eine britische Erfindung und kommt in dieser Form im asiatischen Raum gar nicht vor. „Curry“ ist die Bezeichnung für Fleisch-, Fisch- oder Gemüsegerichte in Sauce, die mit Reis oder Brot gegessen werden. Das Wort ist abgeleitet vom tamilischen „kari“ und bedeutet schlicht „gewürzte Sauce“.

Gesund essen

Indisches Essen ist nicht nur köstlich – es ist auch sehr gesund. Inder ernähren sich überwiegend von frischem Gemüse und Salaten – in Südindien ergänzt durch Reis und in den anderen Landesteilen durch eine Kombination aus Reis und Brot. Fleisch und Fisch serviert man in nur kleinen Portionen, begleitet von schmackhaften Beilagen. Vielen Zutaten werden medizinische Eigenschaften zugeschrieben. Knoblauch und Ingwer, zwei der häufigsten Ingredienzen, gelten beispielsweise als Mittel gegen Magenkrebs oder Herzkrankheiten.

Wissenswertes

Die folgenden Zutaten und Zubereitungsarten gehören zu den wichtigsten in der indischen Küche, und dies gilt auch für die hier vorgestellten Rezepte. Knoblauch- und Ingwerpasten werden in fast allen indischen Speisen eingesetzt und sollten in größeren Mengen im Voraus zubereitet werden. Das spart viel Zeit.

Knoblauchpaste

Mindestens 6 große Knoblauchknollen auseinanderbrechen. Die einzelnen Zehen zunächst mit der Klinge eines großen Messers andrücken und danach die aufgeplatzte Schale abziehen. Die Zehen mit einem Pürierstab oder in einer Küchenmaschine fein pürieren. Dabei etwas Öl zufügen. So wird nicht nur das Pürieren erleichtert, der Knoblauch ist auch länger haltbar – im Kühlschrank 6–8 Wochen. Die Paste sollte allerdings in einem

luftdicht verschließbaren Behälter aufbewahrt werden. Zur Entnahme von etwas Knoblauchpaste jedes Mal einen sauberen Löffel verwenden. Überdies lässt sie sich gut in kleinen Portionen einfrieren und bei Bedarf auftauen.

Ingwerpaste

Ingwer mit einem Sparschäler schälen oder die Schale mit einem kleinen, scharfen Messer abkratzen. Mit einer Käsereibe reiben. Diese darf allerdings nicht zu fein sein, da der Ingwer sich leicht festsetzt. Ebenso wie bei der Knoblauchpaste verfahren – also mit Öl in einer Küchenmaschine oder mit dem Pürierstab fein pürieren. In einem luftdicht verschließbaren Behälter im Kühlschrank oder im Gefrierfach aufbewahren. Bei einem Fertigprodukt sollten Sie darauf achten, dass es mit Öl und nicht mit Essig zubereitet wurde.

Abgetropfter Joghurt

Die erforderliche Menge Joghurt auf ein Mulltuch geben, die vier Enden lose zusammenbinden. In einem Sieb über einer Schüssel 15–20 Minuten abtropfen lassen.

Perfekt gekochter Reis

Reis kann auf zwei Arten zubereitet werden: durch Kochen und anschließendes Abgießen oder durch Absorbieren des Kochwassers. Letztere Zubereitungsart finden viele kompliziert. Da beim Abgießen des Wassers jedoch der natürliche Duft der zarten Reiskörner teilweise verloren geht, sollten Sie einmal die folgende, einfache Methode des Absorbierens testen. Das Resultat wird Sie überzeugen.

Zunächst ist es notwendig, dem Reis so viel Stärke wie möglich zu entziehen. Hierzu den Reis in einem Sieb unter fließend kaltem Wasser abspülen, bis das ablaufende Wasser klar ist.

Den Reis anschließend etwa 20 Minuten in kaltem Wasser einweichen. Dadurch wird weitere Stärke entzogen und der Reis

kann das Kochwasser besser aufnehmen. Zudem ist er nach dem Kochen locker und klebt nicht. In ein Sieb abgießen.

Nun die angegebene Menge Wasser mit dem Reis in einen Topf geben. Deckel aufsetzen, zum Kochen bringen und mindestens 2 Minuten sprudelnd kochen. Dann den Herd auf niedrige Hitze herunterschalten. Da bei Elektroherden die Temperatur nicht sofort sinkt, den Topf kurz vom Herd nehmen.

Den Deckel während des Kochens nicht abnehmen, da so der für das Garen erforderliche Dampf verfliegt. Nach der Kochzeit den Reis 6–8 Minuten mit Deckel ruhen lassen. So können die Reiskörner die Stärke wieder in sich aufnehmen und kleben nicht aneinander.

Den Reis mit einer Gabel etwas auflockern und mit einem Metalllöffel aus dem Topf nehmen. Ein Holzlöffel könnte die zarten Reiskörner zerquetschen.

Garam masala und Ghee

Garam masala ist eine Mischung verschiedener gemahlener Gewürze. Ihre Zusammensetzung variiert von Region zu Region. Ihre Grundelemente stehen im Ruf, die Körpertemperatur zu erhöhen: „Garam" bedeutet Hitze und „masala" Würzmischung. Ghee hat ein leicht nussiges Aroma und findet reichlich Anwendung in Pilaws und Kormas. Es gibt zwei Arten von Ghee: Ghee aus reiner, ungesalzener Butter und Ghee aus pflanzlichem Fett. Meist wird jedoch die Buttervariante genutzt. Ihre Qualität hängt von der Qualität der Butter, der Herstellung und der Lagerung ab. Ghee lässt sich sehr hoch erhitzen und eignet sich daher gut zum Braten.

Garam masala

Ergibt 100 g

15 grüne Kardamomkapseln
25 g Zimtstangen
10 g Nelken
10 g schwarze Pfefferkörner
1 Muskatnuss, zerstoßen
10 g Kreuzkümmelsamen
10 g Koriandersamen

Eine kleine, schwere Pfanne oder einen Wok bei mittlerer Hitze erwärmen und alle Gewürze hineingeben. Den Herd auf niedrige Hitze herunterschalten. Rühren, bis die Gewürze ihr Aroma voll entfaltet haben. Das dauert knapp 1 Minute. Vorsicht, die Gewürze verbrennen leicht, sie dürfen nicht die Farbe verändern. Für die leicht flüchtigen Öle in den Gewürzen ist eine niedrige Temperatur vollkommen ausreichend.

Die gerösteten Gewürze auf einem Teller abkühlen lassen und anschließend in einer Kaffee- oder einer Gewürzmühle fein mahlen. Das fertige Garam masala in einem fettfreien, luftdicht verschließbaren Behälter an einem kühlen Ort aufbewahren. Es ist mehrere Monate bis zu einem Jahr haltbar.

Ghee (geklärte Butter)

Ergibt etwa 200 g

250 g Butter

Die Butter in einem kleinen, schweren Topf bei niedriger Hitze langsam zerlassen. Dann die Hitze leicht erhöhen und die Butter 10–15 Minuten sanft köcheln lassen. In dieser Zeit trennen sich das geronnene Eiweiß und das Wasser in der Butter. Das Eiweiß zeigt sich als Schaum an der Oberfläche. Wenn er abgesunken ist, zeigt dies an, dass das Wasser in der Butter ganz verdunstet ist. Während des Kochvorgangs spritzt es leicht. Dies liegt am in der Butter enthaltenen Wasser. Weiterköcheln, bis die Butter klar und goldgelb geworden ist und sich das Eiweiß am Boden des Topfes abgesetzt hat. Dieser Prozess kann bis zu 45 Minuten dauern, je nach Qualität der Butter. Leicht abkühlen lassen und durch ein Mulltuch oder einen Teefilter in einen sterilisierten, luftdicht verschließbaren Behälter gießen. Ghee ist an einem kühlen Ort recht lange haltbar.

Pflanzliches Ghee wird auf dieselbe Weise mit Pflanzenmargarine hergestellt.

Vorspeisen

Vorspeisen sollen unseren Appetit anregen und Lust auf mehr machen – die folgenden „Appetizer" bringen Ihre Gäste garantiert zum Schwärmen. Ideal für ein Essen zu Hause oder in der freien Natur sind beispielsweise diverse Grillspieße. Außerdem stellen wir Ihnen knusprig ausgebackene Zwiebelringe und verlockend gefüllte Teigtaschen, sogenannte Samosas, vor.

Die gelungene Kombination von Farbe und verschiedenen Konsistenzen macht aus einer Vorspeise ein echtes Erlebnis. Etwas Schnittlauch, fein gehackter Koriander, Chillies in Ringen – all dies regt die Sinne an. Frische Früchte sind als Dekoration ebenfalls eine Augenweide.

Hähnchen-Tikka

Murgh tikka malai

Von diesem beliebten Klassiker gibt es viele Varianten – diese hier ist europäisch angehaucht. Die mit geriebenem, mildem Gouda und Sahne sowie Joghurt angereicherte Marinade macht das Fleisch unerhört zart.

Für 4 Personen

700 g Hähnchenbrustfilet, in 2,5 cm große Würfel geschnitten

2 EL Zitronensaft

1/2 TL Salz

120 g Naturjoghurt, abgetropft, oder griechischer Joghurt

3 EL Sahne

25 g junger Gouda oder Gruyère, gerieben

1 EL Knoblauchpaste

1 EL Ingwerpaste

1/2–1 TL Chilipulver

1/2 TL Kurkuma

1/2 TL Zucker

1 EL Kichererbsenmehl, gesiebt

1 TL Garam masala

2 EL Sonnenblumenöl, plus 2 EL zum Bestreichen

3 EL zerlassene Butter oder Olivenöl

Salat, zum Servieren

Minze-Spinat-Chutney (siehe Seite 75), zum Servieren

Hähnchenstücke in eine nicht metallische Schüssel geben. Zitronensaft und Salz gründlich ins Fleisch einreiben. Abgedeckt im Kühlschrank 20–30 Minuten marinieren.

Den Joghurt ebenfalls in eine nicht metallische Schüssel füllen und mit einer Gabel glatt rühren. Alle Zutaten bis auf die Butter zufügen und gründlich verquirlen. Das Fleisch zugeben und gut in der Marinade wenden. Im Kühlschrank abgedeckt 4–6 Stunden oder über Nacht marinieren. Vor dem Braten wieder auf Zimmertemperatur bringen.

Den Backofengrill 7–8 Minuten auf höchster Stufe vorheizen, 6 Metallspieße mit Öl einreiben und die Fleischstücke aufspießen. Die Spieße mit der restlichen Marinade bestreichen. Die vorbereiteten Tikkas 4–5 Minuten auf der oberen Schiene garen. Großzügig mit Butter bestreichen und weitere 1–2 Minuten grillen. Wenden, 3–4 Minuten weitergrillen und immer wieder mit Butter bestreichen.

Die Spieße in einen großen Topf oder eine Pfanne legen und 5–6 Minuten ruhen lassen. Dann die Fleischstücke von den Spießen streifen. Mit Salat und Minze-Spinat-Chutney servieren.

Hähnchenspieße

Reshmi kabab

Ergibt 8 Spieße

40 g ungeröstete Cashewkerne

2 EL Sahne

1 Ei

450 g Hähnchenbrustfilet, grob gehackt

1/2 TL Salz

2 TL Knoblauchpaste

2 TL Ingwerpaste

2 grüne Chillies, grob gehackt (nach Belieben entkernt)

70 g frischer Koriander mit zarten Stielen, grob gehackt

1 TL Garam masala

Pflanzenöl, zum Bestreichen

2 EL zerlassene Butter

Zum Servieren

Minze-Spinat-Chutney (siehe Seite 75)

gemischter Salat

Eine nahezu seidige Konsistenz zeichnet diese delikaten Spieße mit gehackter Hähnchenbrust aus. Der Geschmack ist ausgewogen und lässt sowohl das Aroma der Gewürze als auch des Fleisches zur Geltung kommen.

Die Cashewkerne in einer hitzebeständigen Schüssel mit kochendem Wasser übergießen und 20 Minuten ziehen lassen. Abgießen und mit Sahne und Ei in einer Küchenmaschine zu einer groben Masse zerkleinern.

Alle übrigen Zutaten bis auf Öl und Butter zufügen und fein pürieren. In eine Schüssel füllen, abdecken und 30 Minuten im Kühlschrank ruhen lassen.

Den Backofengrill 7–8 Minuten auf höchster Stufe vorheizen. Backofenrost und Spieße leicht mit Öl bestreichen. Eine Schüssel mit kaltem Wasser bereitstellen.

Das Hackfleisch in 8 gleich große Portionen teilen. Die Hände ins Wasser tauchen – so klebt die Masse nicht an den Händen – und die Portionen an den Spießen zu einer gleichmäßigen, 15 Zentimeter langen Rolle formen. Die Spieße auf dem vorbereiteten Rost platzieren und auf der mittleren Schiene 4 Minuten garen. Mit der Hälfte der Butter bestreichen und 1 weitere Minute grillen. Wenden und weitere 3 Minuten grillen. Mit Butter bestreichen und noch mal 2 Minuten grillen.

Aus dem Ofen nehmen und 5 Minuten ruhen lassen. Dann von den Spießen streifen. Mit dem Chutney und einem gemischten Salat servieren.

Tipp

Das Fleisch kann nach dem Garen eingefroren werden, hierzu die Spieße jedoch vor dem letzten Garvorgang aus dem Ofen nehmen. Zur späteren Verwendung auftauen, unter einen auf höchster Stufe vorgeheizten Backofengrill legen, mit Butter bestreichen und 2 Minuten auf jeder Seite grillen.

Tandoori-Hähnchen

Tandoori murgh

Für 4 Personen

4 Hähnchenschenkel à 225 g, ohne Haut

Saft von 1/2 Zitrone

1/2 TL Salz

80 g Naturjoghurt, abgetropft, oder griechischer Joghurt

3 EL Sahne

1 EL Kichererbsenmehl

1 EL Knoblauchpaste

1 EL Ingwerpaste

1/2–1 TL Chilipulver

1 TL gemahlener Koriander

1/2 TL gemahlener Kreuzkümmel

1/2 TL Garam masala

1/2 TL Kurkuma

2 EL Pflanzenöl, zum Bestreichen

3 EL zerlassene Butter oder natives Olivenöl extra

Zitronenspalten, zum Garnieren

Salat, zum Servieren

Aus der Nordwestprovinz nahe der Grenze zu Pakistan stammt dieses Rezept für Hähnchenschenkel. Sie werden in Joghurt mariniert und mit Knoblauch, Ingwer, Chili und Garam masala gewürzt.

Jeden Hähnchenschenkel 2–3 Mal einstechen – so ziehen die Gewürzaromen besser ins Fleisch ein. Hähnchenschenkel in eine nicht metallische Schüssel geben und Zitronensaft und Salz gründlich ins Fleisch einreiben. Abgedeckt im Kühlschrank 20 Minuten marinieren.

Unterdessen Joghurt, Sahne und Kichererbsenmehl in eine separate nicht metallische Schüssel füllen und mit einer Gabel glatt rühren. Alle restlichen Zutaten bis auf das Öl und die zerlassene Butter zufügen und gut mischen. Die Mischung über die Hähnchenschenkel gießen und damit einreiben. Abdecken und 4–6 Stunden oder über Nacht im Kühlschrank marinieren. Vor dem Garen wieder auf Zimmertemperatur bringen.

Den Backofengrill 10 Minuten auf höchster Stufe vorheizen. Eine Fettpfanne mit Alufolie auslegen und den Backofenrost mit Öl bestreichen. Die Hähnchenschenkel mit einer Zange aus der Marinade heben und auf den Rost legen. Die restliche Marinade aufbewahren. Das Fleisch auf der mittleren Schiene 8 Minuten grillen, wenden und weitere 8 Minuten grillen, dabei die Fettpfanne unter den Rost schieben. Das Fleisch großzügig mit der restlichen Marinade bestreichen und weitere 2 Minuten auf jeder Seite grillen.

Das Fleisch mit Butter bestreichen und 5–6 Minuten auf der oberen Schiene platzieren. Wenden, mit der restlichen Marinade bestreichen und weitere 5–6 Minuten garen. Das Fleisch muss außen klare Grillspuren aufweisen. Es ist gar, wenn an der dicksten Stelle beim Anstechen mit einem Spieß klarer Fleischsaft austritt.

Das Fleisch auf einen Servierteller setzen, mit Zitronenspalten garnieren und mit Salat servieren.

Tipp

Das Gericht lässt sich gut einfrieren. Vor dem Aufwärmen ganz auftauen lassen, zweifach in Alufolie einschlagen und in einem auf 190 °C vorgeheizten Backofen (mittlere Schiene) 20–30 Minuten erhitzen.

Lammschaschliks

Boti shashlik

Für 4 Personen

700 g entbeinte Lammkeule, in 2,5 cm große Stücke geschnitten

2 EL Essig

1/2 TL Salz

1 EL Knoblauchpaste

1 EL Ingwerpaste

120 g Naturjoghurt, abgetropft, oder griechischer Joghurt

1 EL Kichererbsenmehl

1 EL gemahlener Kreuzkümmel

1 EL Garam masala

1/2–1 TL Chilipulver

1/2 TL Kurkuma

3 EL natives Olivenöl extra oder Sonnenblumenöl, plus 1 EL zum Bestreichen

1/2 rote Paprika, in 2,5 cm große Stücke geschnitten

1/2 grüne Paprika, in 2,5 cm große Stücke geschnitten

8 Schalotten, halbiert

4 EL zerlassene Butter

Zitronenspalten, zum Servieren

Hier werden zarte Lammfleischwürfel zunächst in einer würzigen Joghurtmarinade eingelegt, dann mit Paprika und Schalotten abwechselnd auf Spieße gesteckt und gegrillt. Verwenden Sie nur sehr hochwertiges Fleisch.

Fleisch, Essig, Salz sowie Knoblauch- und Ingwerpaste in eine nicht metallische Schüssel geben. Gut mischen und abgedeckt 30 Minuten im Kühlschrank marinieren.

Joghurt und Kichererbsenmehl in eine separate nicht metallische Schüssel geben und mit einer Gabel glatt rühren. Kreuzkümmel, Garam masala, Chilipulver, Kurkuma und Öl zufügen und gut mischen. Die Joghurtmischung über das Fleisch gießen. Dann Paprika und Schalotten zufügen und alles gut mischen. Abgedeckt 2–3 Stunden oder über Nacht marinieren. Vor dem Garen wieder auf Zimmertemperatur bringen.

Den Backofengrill auf höchster Stufe vorheizen. Eine Fettpfanne mit Alufolie auslegen. Den Backofenrost und 4 Metallspieße mit Öl bestreichen.

Mariniertes Lammfleisch, Paprikastücke und Schalotten abwechselnd auf die Spieße stecken. Die Spieße auf den vorbereiteten Grillrost legen, in den Ofen schieben (obere Schiene), die Fettpfanne darunter platzieren und 4 Minuten grillen. Großzügig mit der Hälfte der Butter bestreichen und weitere 2 Minuten grillen. Wenden und nochmals 3–4 Minuten grillen. Mit Butter bestreichen und weitere 2 Minuten grillen.

Die Schaschliks in einen großen Topf oder eine Pfanne setzen und 5–6 Minuten ruhen lassen. Dann Fleisch und Gemüse von den Spießen streifen und mit den Zitronenspalten servieren.

Lammkoteletts auf Kaschmiri-Art

Tabak maaz

Für 4 Personen

- 8 Lammkoteletts oder 4 Lammsteaks
- 300 ml Milch
- 1 EL Ingwerpaste
- 1/2 TL gemahlener Pfeffer
- 1 Prise Safranfäden, zerstoßen
- 1 1/2 TL gemahlene Fenchelsamen
- 1 TL gemahlener Kreuzkümmel
- 1/2 TL Chilipulver
- 4 Nelken
- 2,5-cm-Stück Zimtstange
- 4 grüne Kardamomkapseln, aufgebrochen
- 1 TL Salz
- 1/2 TL Garam masala
- 1 EL frisch gehackte Minze oder 1/2 TL getrocknete Minze
- 1 EL frisch gehackter Koriander
- gemischte Blattsalate, zum Servieren

Diese würzig-saftigen Lammkoteletts sind ein hervorragender Einstieg in ein Menü der besonderen Art. Statt fertig gemahlenem Fenchel können Sie auch ganze Fenchelsamen kaufen und diese in einem Mörser zerstoßen.

Die Schwarte vom Lammfleisch entfernen. Wasser in einem mittelgroßen Topf zum Kochen bringen. Die Koteletts hineingeben, sie sollten vollständig bedeckt sein. Erneut aufkochen und 2–3 Minuten garen. Abgießen, abspülen und abtropfen lassen.

Die abgetropften Koteletts in einen beschichteten Topf (30 cm Ø) geben und die restlichen Zutaten bis auf Garam masala und die frischen Kräuter zufügen. Bei mittlerer Hitze aufkochen. Auf niedrige Hitze herunterschalten und abgedeckt 30 Minuten köcheln lassen, dabei das Fleisch gelegentlich wenden.

Vom Herd nehmen. Die Koteletts mit einer Zange aus dem Topf heben und gut über dem Topf abtropfen lassen. Auf einem Teller beiseitestellen. Den Kochsud durch ein Sieb gießen und mit dem Fleisch wieder in den Topf geben. Bei mittlerer Hitze erwärmen, regelmäßig wenden und 7–8 Minuten köcheln lassen, bis der Kochsud verdunstet und das Fleisch gebräunt ist.

Garam masala gleichmäßig über die Koteletts streuen, Minze und Koriander zufügen. 1 Minute unter Rühren braten. Sofort mit einem gemischten Salat servieren.

Lammspieße

Gosht ke seekh

Ergibt 8 Stück

40 g ungeröstete Cashewkerne

3 EL Crème fraîche

1 Ei

1 EL Kichererbsenmehl

2 grüne Chillies, entkernt und grob gehackt

2 Schalotten, grob gehackt

450 g frisch gehacktes Lammfleisch

1 TL Salz

2 TL Knoblauchpaste

2 TL Ingwerpaste

1 TL gemahlener Kreuzkümmel

1 TL Garam masala

1 EL frisch gehackte Minze

2 EL frisch gehackter Koriander

1/2 rote Paprika, fein gehackt

2 EL Pflanzenöl, zum Bestreichen

4 EL zerlassene Butter

Zum Servieren

Rucolablätter mit ein wenig nativem Olivenöl extra

Minze-Spinat-Chutney (siehe Seite 75)

gemischter Salat

Das indische Wort für Spieß lautet *seekh*. Traditionell wird Lammhack an Metallspießen in einem *tandur* genannten Tonofen gegrillt. Doch auch unter einem Backofen- oder auf einem Holzkohlegrill wird es ganz köstlich.

Die Cashewkerne in einer hitzebeständigen Schüssel mit kochendem Wasser übergießen und 20 Minuten ziehen lassen. Abgießen und mit Crème fraîche und Ei in einer Küchenmaschine zu einer groben Masse zerkleinern.

Alle übrigen Zutaten bis auf Kräuter, Paprika, Butter und Öl zufügen und fein pürieren. In eine große Schüssel füllen, Kräuter und Paprika zufügen, abdecken und 30–40 Minuten im Kühlschrank ruhen lassen.

Den Backofengrill 10 Minuten auf höchster Stufe vorheizen. Backofenrost und 8 Spieße leicht mit Öl bestreichen. Eine Schüssel mit kaltem Wasser bereitstellen.

Die abgekühlte Masse in 8 gleich große Portionen teilen. Die Hände ins Wasser tauchen – so klebt die Masse nicht an den Händen – und die Portionen an den Spießen zu einer gleichmäßigen, 15 Zentimeter langen Wurst formen.

Die Spieße auf dem vorbereiteten Rost platzieren und auf der mittleren Schiene des Ofens 4 Minuten garen. Mit der Hälfte der Butter bestreichen und 1 weitere Minute grillen. Wenden und weitere 3 Minuten grillen. Mit Butter bestreichen und erneut 2 Minuten grillen.

Aus dem Ofen nehmen und 5 Minuten ruhen lassen. Dann das Fleisch von den Spießen streifen und auf einem Rucolabett anrichten. Sofort mit dem Chutney und einem gemischten Salat servieren.

Fisch-Tikka

Mahi tikka

Ergibt 8 Stück

1 Prise Safranfäden, zerstoßen

1 EL heiße Milch

80 g griechischer Joghurt

1 EL Knoblauchpaste

1 EL Ingwerpaste

1 TL Salz

1/2 TL Zucker

Saft von 1/2 Zitrone

1/2–1 TL Chilipulver

1/2 TL Garam masala

1 TL gemahlene Fenchelsamen

1 TL Kichererbsenmehl

750 g Lachsfilet ohne Haut, in 5 cm große Würfel geschnitten

3 EL natives Olivenöl extra, plus etwas mehr zum Bestreichen

Zitronenspalten, zum Servieren

Zum Garnieren

Tomatenscheiben

Salatgurkenscheiben

Für diese köstlichen Fischspieße benötigen Sie festen Fisch wie Lachs oder Seeteufel. Hier wurde Lachs verwendet, doch eine Kombination aus beiden Fischsorten setzt nicht nur geschmacklich, sondern auch farblich zusätzliche Akzente.

Den Safran 10 Minuten in der heißen Milch ziehen lassen.

Alle Zutaten bis auf Fisch und Öl in einer Schüssel glatt rühren. Safran und Milch unterrühren. Dann den Fisch zugeben und gut in der Marinade wenden. Im Kühlschrank abgedeckt 2 Stunden marinieren. Vor dem Garen wieder auf Zimmertemperatur bringen.

Den Backofengrill 10 Minuten auf höchster Stufe vorheizen. Eine Fettpfanne mit Alufolie auslegen und den Backofenrost sowie die 8 Spieße großzügig mit Öl bestreichen. Die Fischstücke auf die Spieße stecken, dabei zwischen jedem Stück etwas Platz lassen. Den Rost auf der oberen Schiene des Ofens platzieren, die Fettpfanne unter den Rost schieben und den Fisch 3 Minuten grillen. Mit 1 1/2 Esslöffeln Öl bestreichen und 2 Minuten grillen. Wenden und die restliche Marinade auf den Fisch streichen. Weitere 3 Minuten grillen, mit dem restlichen Öl bestreichen und 2 Minuten grillen, bis der Fisch klare Grillspuren aufweist.

Aus dem Ofen nehmen und 5 Minuten ruhen lassen. Mit Tomaten- und Gurkenscheiben garnieren und mit Zitronenspalten servieren.

Frittierte Zwiebeln

Onion bhajiyas

Für 4 Personen

- 200 g Kichererbsenmehl
- 1 TL Salz
- 1 kleine Prise Backpulver
- 50 g Reismehl
- 1 TL Fenchelsamen
- 1 TL Kreuzkümmelsamen
- 2 grüne Chillies, fein gehackt (nach Belieben entkernt)
- 2 große Zwiebeln (etwa 400 g), halbiert in Ringe geschnitten und die Ringe voneinander gelöst
- 90 g frischer Koriander mit zarten Stielen, fein gehackt
- 250 ml Wasser
- Sonnenblumenöl oder natives Olivenöl extra, zum Frittieren
- Tomaten- oder Mango-Chutney, zum Servieren

Nicht nur köstlich, sondern auch sehr leicht herzustellen sind diese frittierten Zwiebeln. Das indische Wort *bhajiya* bedeutet frittierter Snack. Häufig wird das auch als *Pakoras* bezeichnete ausgebackene Gemüse an Straßenständen verkauft.

Das Kichererbsenmehl in eine große Schüssel sieben und Salz, Backpulver, Reismehl sowie Fenchel- und Kreuzkümmelsamen zufügen. Gut mischen, dann Chillies, Zwiebeln und Koriander zugeben. Nach und nach das Wasser hineingießen und alle Zutaten zu einem dicken Teig verrühren.

Öl in einem Wok, einem tiefen Topf oder einer Friteuse bei mittlerer Hitze auf 180–190 °C erwärmen, bis ein Brotwürfel darin innerhalb von 30 Sekunden bräunt. Wenn das Öl nicht heiß genug ist, werden die Bhajiyas nicht knusprig. Je 1/2 Esslöffel der Teigmasse ins Öl geben und mehrere Portionen nebeneinander platzieren. Die Hitze leicht reduzieren und 8–10 Minuten goldbraun und knusprig frittieren. Die Temperatur konstant halten, damit die Bhajiyas innen gar und außen knusprig werden. Mit einem Schöpflöffel aus dem Fett heben und auf Küchenpapier abtropfen lassen. Im leicht vorgeheizten Backofen warm halten, während die restlichen Zwiebelsnacks ausgebacken werden.

Heiß mit Tomaten- oder Mango-Chutney servieren.

Knusprige Gemüse-Samosas

Vegetable samosas

Ergibt 12 Stück

3 EL Sonnenblumenöl oder natives Olivenöl extra

1/2 TL schwarze Senfkörner

1 TL Kreuzkümmelsamen

1 TL Fenchelsamen

1 Zwiebel, fein gehackt

2 grüne Chillies, fein gehackt (nach Belieben entkernt)

2 TL Ingwerpaste

1/2 TL Kurkuma

1/2 TL gemahlener Koriander

1 TL gemahlener Kreuzkümmel

1/2 TL Chilipulver

350 g gekochte Kartoffeln, in mundgerechte Stücke geschnitten

150 g Erbsen, Tiefkühlware aufgetaut

1 TL Salz

2 EL frisch gehackter Koriander

12 Blätter Filoteig, etwa 28 cm x 18 cm groß

4 EL zerlassene Butter, plus etwas mehr zum Einfetten

Chutney, zum Servieren

Die ursprünglich rein vegetarischen Samosas gehören zu den beliebtesten Snacks in Indien. Traditionell wird dafür ein reichhaltiger Teig geknetet, hier wird jedoch Filoteig verwendet.

Das Öl in einem Topf bei mittlerer Hitze erwärmen. Zunächst die Senfkörner und dann Kreuzkümmel- und Fenchelsamen zufügen. Zwiebel, Chillies und Ingwerpaste hineingeben und unter häufigem Rühren 5–6 Minuten glasig dünsten.

Die gemahlenen Gewürze zufügen und 1 Minute unter Rühren dünsten. Kartoffeln, Erbsen und Salz unterrühren und gleichmäßig mit den Gewürzen überziehen. Den Koriander einrühren und vom Herd nehmen. Vollständig auskühlen lassen.

Den Backofen auf 180 °C vorheizen und ein Backblech mit Backpapier auslegen.

Ein Blatt Filoteig auf eine Arbeitsfläche legen und mit Butter bestreichen. Den restlichen Filoteig mit einem feuchten Tuch oder mit Frischhaltefolie abdecken. Den gebutterten Filoteig längs überklappen, erneut mit Butter bestreichen und noch einmal längs überklappen.

Etwa 1 Esslöffel der Füllung unten rechts auf dem Teigrechteck platzieren. Überklappen, sodass ein Dreieck entsteht. Immer weiter umklappen, dabei die Dreiecksform beibehalten. Die letzte Ecke anfeuchten, dann zuklappen und gut verschließen. Die fertigen Teigtaschen auf das vorbereitete Backblech setzen und mit der zerlassenen Butter bestreichen. Dasselbe mit den restlichen Filoteigblättern wiederholen, bis die Füllung aufgebraucht ist.

Die Samosas im vorgeheizten Ofen auf der mittleren Schiene 20 Minuten braun und knusprig backen. Heiß mit Chutney servieren.

Aromatische Paneer-Bratlinge

Paneer ke tikka

Paneer ist ein indischer Frischkäse, der eine meist schnittfeste Konsistenz hat. In diesen Bratlingen wird er mit Weißbrot gemischt und mit gedünsteten Zwiebeln, Ingwer, Kreuzkümmelsamen, Chillies, und frischem Koriander aromatisiert.

Ergibt 8 Stück

- 2 große Scheiben Weißbrot vom Vortag, ohne Kruste
- 225 g Paneer, Provolone oder fester Tofu (Abtropfgewicht), gerieben
- 3 Schalotten, fein gehackt
- 1 TL Fenchelsamen
- 1/2 TL Kreuzkümmelsamen
- 1 EL frisch gehackte Minze oder 1/2 TL getrocknete Minze
- 2 EL frisch gehackter Koriander
- 1 TL Ingwerpaste
- 40 g Mandelblättchen, leicht zerstoßen (nach Belieben)
- 1 grüne Chili, gehackt (nach Belieben entkernt)
- 1/2 TL Garam masala
- 1/2 TL Chilipulver (nach Belieben)
- 1/2 TL Salz
- 1 EL Zitronensaft
- 1 großes Ei, verquirlt
- Sonnenblumen- oder Pflanzenöl, zum Frittieren

Brotscheiben 1–2 Minuten in Wasser einweichen, gut ausdrücken und zwischen den Handflächen zerbröseln. Mit den übrigen Zutaten bis auf das Öl in einer großen Schüssel zu einem Teig verarbeiten.

Den Teig halbieren und zu je 4 gleich großen, sehr flachen Bratlingen formen.

Eine Pfanne zu 2,5 Zentimetern mit Öl füllen und auf mittlerer Hitze erwärmen. Die Bratlinge darin 5 Minuten auf jeder Seite goldbraun frittieren. Auf Küchenpapier abtropfen lassen und heiß servieren.

Tipp

Paneer ist in gut sortierten Supermärkten und Asia-Läden erhältlich. Provolone oder fester Tofu sind allerdings eine gute Alternative.

Hauptgerichte

Auf den folgenden Seiten haben wir eine Reihe indischer Hauptspeisen zusammengestellt. Hier finden Sie mit Pistazien verfeinertes Hähnchen-Korma aus Delhi, das berühmte, sanft gegarte Lammgericht *Rogan josh* von den Ausläufern des Himalaya und ein Kokos-Fisch-Curry aus Goa.

Wählen Sie immer sehr mageres Fleisch und halten Sie sich an die im Rezept angegebenen Gartemperaturen. In der indischen Küche wird die Hähnchenhaut immer entfernt, damit das Gewürzaroma gut ins Fleisch einziehen kann. Bei Fisch und Schalentieren muss auf frische Ware geachtet werden. Zudem sollte die Zeit zwischen Kauf und Zubereitung möglichst kurz sein. Alle Gerichte eignen sich gut zum Einfrieren.

Lamm-Curry auf Kaschmiri-Art

Rogan josh

Für 4 Personen

- 4 EL Sonnenblumenöl oder natives Olivenöl extra
- 1 große Zwiebel, grob gehackt
- 5-cm-Stück Ingwerwurzel, geschält und grob gehackt
- 5 große Knoblauchzehen, grob gehackt
- 400 g Tomaten aus der Dose
- 3 braune Kardamomkapseln
- 2 Lorbeerblätter
- 1 EL gemahlener Koriander
- 1 TL Kurkuma
- 1 TL Chilipulver
- 700 g entbeintes Lammfleisch, in 2,5 cm große Stücke geschnitten
- 160 g Naturjoghurt
- 2 TL Kichererbsenmehl
- 1 TL Salz
- 1 EL Tomatenmark
- 120 ml warmes Wasser
- 1 TL Ghee oder Butter
- 1 TL Garam masala
- 1/2 TL gemahlene Muskatnuss
- 2 EL frisch gehackter Koriander
- Naan oder frisch gekochter Basmatireis, zum Servieren

Aus der Himalaya-Region stammt dieses köstlich gewürzte Lammgericht, das traditionell mit einer leuchtend roten Mischung verschiedener Chillies zubereitet wird. Mit Chilipulver und Tomatenmark erzielt man farblich ein ähnliches Ergebnis.

In einem mittelgroßen Topf 2 Esslöffel Öl bei mittlerer Hitze erwärmen. Zwiebel, Ingwer und Knoblauch darin unter häufigem Rühren 5 Minuten leicht anbräunen. Vom Herd nehmen und so viel Öl wie möglich aus den Zwiebeln pressen. Hierzu die Zwiebeln mit einem Löffel fest an die Topfwand drücken. Zwiebelmischung und Tomaten samt Saft mit einem Pürierstab oder in der Küchenmaschine fein pürieren. Beiseitestellen.

Das restliche Öl bei niedriger Hitze im selben Topf erhitzen. Kardamomkapseln und Lorbeerblätter darin 20–25 Sekunden leicht anrösten, dann Koriander, Kurkuma und Chilipulver zufügen. 1 Minute unter Rühren rösten, die Tomatenmischung zugeben. Auf mittlere Hitze erhöhen und 10–12 Minuten köcheln, bis sich das Öl von der Würzmischung trennt. Die letzten 2–3 Minuten die Hitze auf Niedrig stellen. Das Lammfleisch zufügen und die Hitze leicht erhöhen. Unter Rühren braten, bis das Fleisch Farbe angenommen hat.

Joghurt und Kichererbsenmehl in einer Schüssel glatt rühren. Die Hitze leicht reduzieren und die Joghurtmischung – nach und nach je 2 Esslöffel – unter die Fleischmischung rühren. Salz und Tomatenmark zugeben. Abdecken und bei niedriger Hitze 30 Minuten unter gelegentlichem Rühren köcheln.

Das Wasser zufügen und leicht aufkochen. Erneut abdecken und weitere 20–25 Minuten garen.

Das Ghee in einem kleinen Topf bei niedriger Hitze zerlassen. Garam masala und Muskat darin unter Rühren 30 Sekunden anrösten. Die Mischung über das Curry geben und die Hälfte des gehackten Korianders unterrühren. Vom Herd nehmen, mit dem restlichen Koriander garnieren und mit Naan-Brot oder frisch gekochtem Basmatireis servieren.

Lamm in duftender Spinatsauce

Saag gosht

Für 4 Personen

700 g entbeinte Lammkeule

80 g Naturjoghurt, abgetropft, oder griechischer Joghurt

2 EL Essig

2 TL Kichererbsenmehl

1 TL Kurkuma

4 EL Sonnenblumen- oder natives Olivenöl extra

5-cm-Stück Zimtstange, halbiert

5 Nelken

5 grüne Kardamomkapseln, zerbrochen

2 Lorbeerblätter

1 große Zwiebel, fein gehackt

2 TL Knoblauchpaste

2 TL Ingwerpaste

2 TL gemahlener Kreuzkümmel

1/2–1 TL Chilipulver

200 g Tomaten aus der Dose

200 ml warmes Wasser

1 TL Salz

1 TL Zucker

250 g Spinatblätter, Tiefkühlware aufgetaut, gehackt

2 TL Ghee oder Butter

1 große Knoblauchzehe, fein gehackt

1/4 TL frisch geriebene Muskatnuss

1 TL Garam masala

120 g Sahne

Chili-Koriander-Naan (siehe Seite 82) oder frisch gekochter Basmatireis, zum Servieren

In den nördlichen Teilen des Punjab kommt dieses Gericht gern auf den Tisch. Es wird oft mit selbst gemachter Butter verfeinert. Traditionell wird *Saag gosht* mit Naan oder Paratha serviert, doch mit Reis ist es ebenfalls köstlich.

Das Fleisch vom Fett befreien und in 2,5 cm große Stücke schneiden. Den Joghurt in einer nicht metallischen Schüssel glatt rühren. Essig, Kichererbsenmehl sowie Kurkuma zufügen und gründlich verquirlen. Das Fleisch gut in der Marinade wenden und abgedeckt 4–5 Stunden oder über Nacht im Kühlschrank marinieren. Vor dem Garen wieder auf Zimmertemperatur bringen.

Das Öl in einem mittelgroßen, schweren Topf bei niedriger Hitze erwärmen. Zimt, Nelken, Kardamomkapseln und Lorbeerblätter darin unter Rühren 25–30 Sekunden anrösten, dann die Zwiebel zufügen. Auf mittlere Hitze erhöhen und unter häufigem Rühren 4–5 Minuten glasig dünsten. Knoblauch- und Ingwerpaste zugeben und weitere 5–6 Minuten dünsten, bis die Zwiebel eine hellgelbe Farbe angenommen hat.

Kreuzkümmel und Chilipulver zufügen und unter Rühren 1 Minute dünsten. Dann Tomaten samt Saft hineingeben und 5–6 Minuten unter häufigem Rühren köcheln. 4 Esslöffel warmes Wasser unterrühren. Nochmals 3 Minuten köcheln, bis sich das Öl von der Würzpaste trennt. Das marinierte Fleisch hineingeben, die Hitze leicht erhöhen und unter Rühren 5–6 Minuten goldbraun anbraten.

Salz und Zucker einrühren und das Wasser zufügen. Aufkochen, abdecken und bei niedriger Hitze unter gelegentlichem Rühren 55–60 Minuten köcheln lassen.

Unterdessen den Spinat in einem großen Topf mit Salzwasser 2 Minuten blanchieren, abgießen und sofort in kaltes Wasser legen.

Ghee in einem separaten, mittelgroßen Topf bei niedriger Hitze zerlassen. Den gehackten Knoblauch zufügen und unter Rühren leicht anbräunen. Muskat und Garam masala zugeben. Jegliches Wasser aus dem Spinat herausdrücken. Den Spinat zum Ghee geben und gut mischen. Erst die Spinatmischung zum Curry geben, dann die Sahne. Gut mischen und ohne Deckel 2–3 Minuten köcheln lassen. Vom Herd nehmen und sofort mit Chili-Koriander-Naan oder frisch gekochtem Basmatireis servieren.

Fisch-Curry auf Goa-Art

Caldeen

Für 4 Personen

4 Lachsfilets à 200 g, ohne Haut

1 TL Salz

1 EL Zitronensaft

3 EL Sonnenblumenöl oder natives Olivenöl extra

1 große Zwiebel, fein gehackt

2 TL Knoblauchpaste

2 TL Ingwerpaste

1/2 TL Kurkuma

1 TL gemahlener Koriander

1/2 TL gemahlener Kreuzkümmel

1/2–1 TL Chilipulver

250 ml Kokosmilch

2–3 grüne Chillies, längs in Scheiben geschnitten (nach Belieben entkernt)

2 EL Apfel- oder Weißweinessig

2 EL frisch gehackter Koriander

frisch gekochter Basmatireis, zum Servieren

Goa ist bekannt für seine Fisch- und Schalentiergerichte, die meist in Kokosmilch gegart werden. Für dieses Rezept eignet sich Lachs besonders gut, denn das feste Fleisch fällt beim Kochen nicht auseinander.

Jedes Lachsfilet halbieren und nebeneinander in eine flache Auflaufform legen. Mit der Hälfte des Salzes und dem Zitronensaft sanft einreiben. Abgedeckt 15–20 Minuten im Kühlschrank marinieren.

Das Öl in einer Pfanne bei mittlerer Hitze erwärmen und die Zwiebel darin 8–9 Minuten goldgelb dünsten. Dabei häufig rühren, damit die Zwiebel gleichmäßig Farbe annimmt.

Knoblauch- und Ingwerpaste zufügen und unter Rühren 1 Minute dünsten. Dann Kurkuma, Koriander, Kreuzkümmel und Chilipulver zufügen und 1 Minute dünsten. Schließlich Kokosmilch, Chillies, Essig und das restliche Salz zugeben, umrühren und ohne Deckel 6–8 Minuten köcheln lassen.

Den Fisch hineingeben und 5–6 Minuten sanft köcheln lassen. Den frischen Koriander unterrühren und vom Herd nehmen. Sofort mit frisch gekochtem Basmatireis servieren.

Tipp

Der Geschmack des Currys verbessert sich noch, wenn Sie es im Voraus zubereiten und kurz vor dem Servieren sanft erwärmen. Im Kühlschrank hält es sich problemlos bis zu 48 Stunden.

Hähnchen-Korma mit Pistazien

Murgh korma pistadar

Für 4 Personen

100 g geschälte Pistazien

250 ml kochendes Wasser

1 großzügige Prise Safranfäden, zerstoßen

2 EL heiße Milch

700 g Hähnchenbrustfilets oder entbeinte Hähnchenschenkel ohne Haut, in 2,5 cm große Stücke geschnitten

1 TL Salz

1/2 TL Pfeffer

Saft von 1/2 Zitrone

4 EL Ghee oder Butter

6 grüne Kardamomkapseln

1 große Zwiebel, fein gehackt

2 TL Knoblauchpaste

2 TL Ingwerpaste

1 EL gemahlener Koriander

1/2 TL Chilipulver

300 g Naturjoghurt, glatt gerührt

160 g Sahne

2 EL Rosenwasser

frisch gekochter Reis, Zitronenreis (siehe Seite 78) oder Naan, zum Servieren

6–8 weiße Rosenblätter, gewaschen, zum Garnieren

Es ist ein weitverbreiteter Irrglaube, „Korma" sei ein mildes, sahniges Gericht. Vielmehr ist es die Bezeichnung für eine spezielle Zubereitungsart. Dieses delikate Korma aus Delhi besitzt ein besonders verführerisches Aroma.

Die Pistazien in einer hitzebeständigen Schüssel mit dem kochenden Wasser übergießen und 20 Minuten ziehen lassen. Unterdessen den zerstoßenen Safran in der heißen Milch einweichen.

Das Hähnchenfleisch in eine nicht metallische Schüssel geben. Salz, Pfeffer und Zitronensaft zufügen und gut ins Fleisch einreiben. Abgedeckt 30 Minuten im Kühlschrank marinieren.

Das Ghee in einem mittelgroßen, schweren Topf bei niedriger Hitze zerlassen und die Kardamomkapseln hineingeben. Wenn sie sich aufgeblasen haben, die Zwiebel zufügen und auf mittlere Hitze erhöhen. Unter häufigem Rühren 8–9 Minuten goldgelb dünsten.

Knoblauch- und Ingwerpaste einrühren und unter häufigem Rühren weitere 2–3 Minuten dünsten. Koriander sowie Chilipulver zufügen und unter Rühren 30 Sekunden dünsten. Dann das Fleisch hineingeben und bei mittlerer Hitze unter ständigem Rühren 5–6 Minuten goldbraun anbraten.

Den Herd auf niedrige Hitze herunterschalten, Joghurt und Safran samt Milch zugeben. Leicht zum Köcheln bringen und abgedeckt 15 Minuten köcheln lassen. Nach etwa 7 Minuten umrühren, damit das Gericht nicht ansetzt.

Unterdessen die Pistazien samt Einweichwasser mit einem Pürierstab oder in einer Küchenmaschine fein pürieren. Zur Fleischmischung geben, dann die Sahne einrühren. Abdecken und unter gelegentlichem Rühren 15–20 Minuten köcheln lassen. Das Rosenwasser unterrühren und vom Herd nehmen. Mit den Rosenblättern garnieren und sofort mit Reis, Zitronenreis oder Naan servieren.

Hähnchen-Biryani

Murgh biryani

Die Ausläufer des Himalaya sind die Heimat dieses Reisgerichts. Duftender Basmatireis wird hier mit Zimt, Kardamom und Sternanis sowie köstlich mariniertem Hähnchenfleisch gegart. Zubereitet wird es in einem geschlossenen Topf.

Für 4–5 Personen

80 g Naturjoghurt
1 EL Knoblauchpaste
1 EL Ingwerpaste
700 g entbeinte Hähnchenschenkel ohne Haut, in mundgerechten Stücken
1 EL weiße Mohnsamen
2 TL Koriandersamen
½ Muskatblüte
2 Lorbeerblätter, in kleinen Stücken
½ TL schwarze Pfefferkörner
1 TL Kardamomsamen
2,5-cm-Stück Zimtstange, zerbrochen
4 Nelken
4 EL Ghee oder Butter
1 große Zwiebel, in dünnen Ringen
1½ TL Salz
2 EL Sonnenblumenöl
1 Zwiebel, in dünnen Ringen, zum Garnieren
Gurken-Raita (siehe Seite 72)

Reis

1 Prise Safranfäden, zerstoßen
2 EL heiße Milch
1½ TL Salz
2 x 5-cm-Stücke Zimtstange
3 Sternanise
2 Lorbeerblätter, zerbröselt
4 Nelken
4 grüne Kardamomkapseln, aufgebrochen
450 g Basmatireis, gewaschen

Joghurt, Knoblauch- und Ingwerpaste in einer Schüssel glatt rühren.

Hähnchenfleisch und Joghurtmischung in einer nicht metallischen Schüssel mischen. Abgedeckt 2 Stunden im Kühlschrank marinieren.

Alle Gewürze, Samen und Körner in einer Kaffee- oder Gewürzmühle oder in einem Mörser zu einem feinen Pulver mahlen und beiseitestellen.

Ghee in einem großen Schmortopf bei mittlerer Hitze zerlassen. Die Zwiebel darin unter häufigem Rühren 8–10 Minuten hellbraun rösten. Den Herd auf niedrige Hitze herunterschalten, die gemahlenen Gewürze zufügen und 2–3 Minuten dünsten. Mariniertes Hähnchenfleisch und Salz zugeben und unter Rühren 2 Minuten braten. Den Herd ausschalten und den Topf abdecken.

Für den Reis den zerstoßenen Safran mit der heißen Milch übergießen und 20 Minuten ziehen lassen. Den Backofen auf 180 °C vorheizen.

Wasser in einem großen Topf zum Kochen bringen und Salz sowie Gewürze hineingeben. Den Reis zufügen, erneut aufkochen und 2 Minuten sprudelnd kochen. Den Reis abgießen (große Gewürzstücke entfernen) und auf das Hähnchenfleisch häufen. Den Reis mit der Safran-Milch-Mischung beträufeln. Alle Safranfäden mit in den Topf geben.

Ein großes Stück Backpapier erst in Wasser einweichen und dann ausdrücken. Das nasse Papier auf den Reis legen. Ein sauberes Geschirrtuch anfeuchten, gut auswringen und locker über das Backpapier legen. Den Topf mit Alufolie abdecken. Es ist wichtig, den Reis auf diese Art abzudecken, damit der aufsteigende Dampf nicht entweicht und das Biryani darin gart. Den Deckel aufsetzen und im vorgeheizten Ofen (mittlere Schiene) 1 Stunde garen. Den Ofen ausschalten und den Reis darin 30 Minuten ruhen lassen.

Unterdessen das Öl für die Garnierung in einem kleinen Topf bei mittlerer Hitze erwärmen. Die Zwiebel darin unter häufigem Rühren 12–15 Minuten bräunen.

Das Biryani auf einen Servierteller geben und mit der gebratenen Zwiebel garnieren. Traditionell wird Biryani mit einer Gurken-Raita serviert, doch auch ein Gemüse-Korma (siehe Seite 56) passt wunderbar.

Hühnchen mit Zwiebeln

Murgh do piaza

Für 4 Personen

700 g Hähnchenbrustfilets oder entbeinte Hähnchenschenkel ohne Haut

Saft von 1/2 Zitrone

1 TL Salz

5 EL Sonnenblumenöl oder natives Olivenöl extra

2 große Zwiebeln, grob gehackt

5 große Knoblauchzehen, grob gehackt

2,5-cm-Stück Ingwerwurzel, grob gehackt

2 EL Naturjoghurt

2,5-cm-Stück Zimtstange, halbiert

4 grüne Kardamomkapseln, aufgebrochen

4 Nelken

1/2 TL schwarze Pfefferkörner

1/2 TL Kurkuma

1/2–1 TL Chilipulver

1 TL gemahlener Koriander

4 EL gehackte Tomaten aus der Dose

160 ml warmes Wasser

1/2 TL Zucker

8 Schalotten, halbiert

1 TL Garam masala

2 EL frisch gehackter Koriander

1 Tomate, gehackt

indisches Brot, zum Servieren

Dieses Gericht wird mit einer großen Menge Zwiebeln zubereitet – *do piaza* bedeutet „zwei Zwiebeln". Der Legende nach entstand es, als ein Höfling des Großmoguls Akbar einem Gericht versehentlich mehr Zwiebeln als gewöhnlich zufügte.

Das Hähnchenfleisch in 2,5 cm große Stücke schneiden und in eine nicht metallische Schüssel geben. Zitronensaft und die Hälfte des Salzes zufügen und gut ins Fleisch einreiben. Abgedeckt 20 Minuten im Kühlschrank marinieren.

In einem kleinen Topf 1 Esslöffel Öl bei mittlerer Hitze erwärmen. Zwiebeln, Knoblauch und Ingwer darin unter häufigem Rühren 4–5 Minuten andünsten. Vom Herd nehmen und leicht abkühlen lassen. Dann zusammen mit dem Joghurt mit einem Pürierstab oder in einer Küchenmaschine fein pürieren.

Weitere 3 Esslöffel Öl in einem mittelgroßen Topf bei niedriger Hitze erwärmen. Zimtstange, Kardamomkapseln, Nelken und Pfefferkörner darin 25–30 Sekunden anrösten. Die pürierten Zutaten zufügen und bei mittlerer Hitze unter häufigem Rühren 5 Minuten dünsten.

Kurkuma, Chilipulver und Koriander zugeben und unter Rühren 2 Minuten braten. Die Tomaten zufügen und unter Rühren 3 Minuten köcheln lassen, dann die Hitze leicht reduzieren. Nun das marinierte Fleisch hineingeben und unter Rühren goldbraun anbraten. Das warme Wasser, das restliche Salz und den Zucker zufügen. Aufkochen, abdecken und bei niedriger Hitze 10 Minuten köcheln lassen. Dann ohne Deckel weitere 10 Minuten andicken. Je nachdem, ob Sie die Sauce eher dick oder dünn mögen, können Sie die Kochzeit in dieser Phase reduzieren oder verlängern.

Unterdessen den letzten Esslöffel Öl in einem kleinen Topf erhitzen. Die Schalotten darin anbräunen und die einzelnen Ringe voneinander lösen. Garam masala zufügen und unter Rühren 30 Sekunden anrösten. Die Schalottenmischung unter das Curry rühren und 2 Minuten köcheln lassen. Den frischen Koriander und die gehackten Tomaten unterrühren und vom Herd nehmen. Sofort mit indischem Brot nach Wahl servieren.

Paprika-Hühnchen

Murgh jalfrezi

Für 4 Personen

700 g Hähnchenbrustfilet oder entbeinte Hähnchenschenkel ohne Haut

Saft von 1/2 Zitrone

1 TL Salz

5 EL Sonnenblumenöl oder natives Olivenöl extra

1 große Zwiebel, fein gehackt

2 TL Knoblauchpaste

2 TL Ingwerpaste

1/2 TL Kurkuma

1 TL gemahlener Kreuzkümmel

2 TL gemahlener Koriander

1/2–1 TL Chilipulver

150 g Tomaten aus der Dose

160 ml warmes Wasser

1 große Knoblauchzehe, fein gehackt

1 kleine oder 1/2 große rote Paprika, in 2,5 cm große Stücke geschnitten

1 kleine oder 1/2 große grüne Paprika, in 2,5 cm große Stücke geschnitten

1 TL Garam masala

indisches Brot oder frisch gekochter Basmatireis, zum Servieren

Dieses Gericht entstand während der britischen Kolonialzeit zur Verwertung von kalten, gekochten Fleischresten. Das Rezept stammt aus Kolkata (früher Kalkutta), wo es den Mitgliedern der britischen Ostindien-Kompanie häufig serviert wurde.

Das Hähnchenfleisch in 2,5 cm große Stücke schneiden und in eine nicht metallische Schüssel geben. Zitronensaft und Salz zufügen und gut ins Fleisch einreiben. Abgedeckt 20 Minuten im Kühlschrank marinieren.

In einem mittelgroßen, schweren Topf 4 Esslöffel Öl bei mittlerer Hitze erwärmen und die Zwiebel darin unter häufigem Rühren 8–9 Minuten leicht anbräunen. Knoblauch- und Ingwerpaste zufügen und unter Rühren 3 Minuten dünsten. Kurkuma, Kreuzkümmel, Koriander und Chilipulver zufügen und 1 Minute pfannenrühren. Die Tomaten samt Saft zugeben und 2–3 Minuten unter häufigem Rühren köcheln, bis sich das Öl von der Würzpaste trennt.

Das marinierte Fleisch hineingeben, die Hitze leicht erhöhen und unter Rühren goldbraun anbraten. Das warme Wasser zufügen und aufkochen. Die Hitze reduzieren, abdecken und 25 Minuten köcheln lassen.

Den letzten Esslöffel Öl in einem kleinen Topf oder einer kleinen Pfanne bei niedriger Hitze erwärmen. Den Knoblauch darin unter häufigem Rühren anbräunen. Paprika zufügen und bei mittlerer Hitze 2 Minuten pfannenrühren, dann das Garam masala zugeben. Die Paprikamischung unter das Curry rühren. Vom Herd nehmen und sofort mit indischem Brot oder frisch gekochtem Basmatireis servieren.

Pikantes Schweinefleisch-Curry

Vindaloo

Der Name *vindaloo* (auch Vindalho) stammt von den portugiesischen Wörtern *vin* (Essig) und *alho* (Knoblauch). Die Portugiesen brachten in Essig eingelegtes Schweinefleisch ins Land, das an indische Essgewohnheiten angepasst wurde.

Für 4 Personen

- 2–6 getrocknete Chillies, in 2–3 Stücke gerissen
- 5 Nelken
- 2,5-cm-Stück Zimtstange, zerbrochen
- 4 Kardamomkapseln
- 1/2 TL schwarze Pfefferkörner
- 1/2 Muskatblüte
- 1/4 Muskatnuss, leicht zerstoßen
- 1 TL Kreuzkümmelsamen
- 1 1/2 TL Koriandersamen
- 1/2 TL Fenugrec-Samen
- 2 TL Knoblauchpaste
- 1 EL Ingwerpaste
- 3 EL Apfel- oder Weißweinessig
- 1 EL Tamarindensaft oder Saft von 1/2 Limette
- 700 g entbeinte Schweinekeule, in 2,5 cm große Stücke geschnitten
- 4 EL Sonnenblumen- oder natives Olivenöl extra, plus 2 TL zum Braten
- 2 große Zwiebeln, fein gehackt
- 250 ml warmes Wasser, plus 4 TL
- 1 TL Salz
- 1 TL Demerara-Zucker
- 2 große Knoblauchzehen, in dünne Scheiben geschnitten
- 8–10 Curryblätter, frisch oder getrocknet

Zum Servieren

- frisch gekochter Basmatireis
- Gemüsebeilage nach Wahl

Die ersten 10 Zutaten (alle Gewürze) in einer Kaffee- oder Gewürzmühle bzw. im Mörser fein mahlen. In einer Schüssel mit Knoblauch- und Ingwerpaste sowie Essig und Tamarindensaft zu einer Paste verrühren.

Das Schweinefleisch in eine große, nicht metallische Schüssel geben und etwa ein Viertel der Würzpaste ins Fleisch einreiben. Abgedeckt 30–40 Minuten im Kühlschrank marinieren.

In einem mittelgroßen, schweren Topf 4 Esslöffel Öl bei mittlerer Hitze erwärmen und die Zwiebeln darin unter häufigem Rühren 8–10 Minuten leicht anbräunen. Die restliche Würzpaste zufügen und unter ständigem Rühren 5–6 Minuten braten. Dann 2 Esslöffel warmes Wasser zugeben und verdunsten lassen. Mit weiteren 2 Esslöffeln Wasser ebenso verfahren.

Das marinierte Fleisch zufügen und bei mittlerer Hitze 5–6 Minuten goldbraun anbraten. Salz, Zucker und 250 Milliliter Wasser zugeben, aufkochen und bei niedriger Hitze 50–55 Minuten garen.

Unterdessen 2 Teelöffel Öl in einem sehr kleinen Topf oder einem Butterpfännchen bei niedriger Hitze erwärmen. Die Knoblauchscheiben darin unter häufigem Rühren anbräunen. Die Curryblätter hineingeben und 15–20 Sekunden braten. Die Knoblauchmischung unter das Fleisch rühren. Vom Herd nehmen und sofort mit frisch gekochtem Basmatireis und einer Gemüsebeilage nach Wahl servieren.

Garnelen-Chili-Curry in Kokosmilch

Prawn pappas

Die Chillies geben die Schärfe, das Kurkumagewürz die schöne Farbe, die Curryblätter ein ganz besonderes Aroma, und die Kokosmilch mildert alles sanft ab. Curryblätter sind in gut sortierten Supermärkten oder Asia-Läden erhältlich.

Für 4 Personen

4 EL Sonnenblumenöl oder natives Olivenöl extra

1/2 TL schwarze oder braune Senfkörner

1/2 TL Fenugrec-Samen

1 große Zwiebel, fein gehackt

2 TL Knoblauchpaste

2 TL Ingwerpaste

1 oder 2 grüne Chillies, gehackt (nach Belieben entkernt)

1 EL gemahlener Koriander

1/2 TL Kurkuma

1/2 TL Chilipulver

1 TL Salz

250 ml Kokosmilch

450 g ausgelöste, gekochte Garnelen, Tiefkühlware aufgetaut und abgetropft

1 EL Tamarindensaft oder Saft von 1/2 Limette

1/2 TL zerstoßener schwarzer Pfeffer

10–12 Curryblätter, frisch oder getrocknet

Zum Servieren

frisch gekochter Basmatireis

Gemüsebeilage nach Wahl

In einem mittelgroßen Topf 3 Esslöffel Öl bei mittlerer Hitze erwärmen. Senfkörner, Fenugrec und Zwiebel ins sehr heiße Öl geben und darin unter häufigem Rühren 5–6 Minuten glasig dünsten. Knoblauch- und Ingwerpaste sowie Chillies zufügen und unter häufigem Rühren weitere 5–6 Minuten braten, bis die Zwiebel hellgelb ist.

Koriander, Kurkuma und Chilipulver hineingeben und 1 Minute unter Rühren braten. Zunächst Salz und Kokosmilch, anschließend Garnelen und Tamarindensaft zufügen. Leicht aufkochen und unter gelegentlichem Rühren 3–4 Minuten köcheln lassen.

Unterdessen den letzten Esslöffel Öl in einem sehr kleinen Topf oder einem Butterpfännchen bei mittlerer Hitze erwärmen. Pfeffer und Curryblätter hineingeben, vom Herd nehmen und 20–25 Sekunden ziehen lassen. Das aromatisierte Öl unter die Garnelenmischung rühren. Vom Herd nehmen und sofort mit frisch gekochtem Basmatireis und einer Gemüsebeilage nach Wahl servieren.

Paneer mit Erbsen in Chili-Tomaten-Sauce

Mattar paneer

Für 4 Personen

4 EL Sonnenblumenöl oder natives Olivenöl extra

250 g Paneer, in 2,5 cm große Stücke geschnitten

4 grüne Kardamomkapseln, aufgebrochen

2 Lorbeerblätter

1 Zwiebel, fein gehackt

2 TL Knoblauchpaste

2 TL Ingwerpaste

2 TL gemahlener Koriander

1/2 TL Kurkuma

1/2–1 TL Chilipulver

150 g gehackte Tomaten aus der Dose

500 ml warmes Wasser, plus 2 EL

1 TL Salz

200 g Erbsen, Tiefkühlware

1/2 TL Garam masala

2 EL Sahne

2 EL frisch gehackter Koriander

Chili-Koriander-Naan (siehe Seite 82) oder anderes indisches Brot, zum Servieren

Paneer, ein tofuartiger indischer Käse, enthält sehr viel Eiweiß. In diesem traditionell vegetarischen Hauptgericht werden kleine Paneer-Happen in einer würzigen Tomatensauce geköchelt.

In einem mittelgroßen, beschichteten Topf 2 Esslöffel Öl bei mittlerer Hitze erwärmen. Den Paneer darin unter häufigem Rühren 3–4 Minuten rundum braun anbraten. Paneer spritzt manchmal beim Braten, also Sicherheitsabstand halten oder den Topf mit einem Spritzschutz abdecken. Aus dem Topf nehmen und auf Küchenpapier abtropfen lassen.

Das restliche Öl im selben Topf bei niedriger Hitze erwärmen. Kardamomkapseln und Lorbeerblätter darin 20–25 Sekunden anrösten. Die Zwiebel zufügen und bei mittlerer Hitze unter häufigem Rühren 4–5 Minuten glasig dünsten. Knoblauch- und Ingwerpaste hineingeben und weitere 3–4 Minuten unter häufigem Rühren braten, bis die Zwiebel hellgelb ist.

Koriander, Kurkuma sowie Chilipulver einrühren und 1 Minute unter Rühren dünsten. Die Tomaten samt Saft zufügen und unter häufigem Rühren 4–5 Minuten köcheln lassen. Dann 2 Esslöffel warmes Wasser zugeben und unter häufigem Rühren 3 Minuten köcheln, bis sich Öl und Gewürze getrennt haben.

Restliches Wasser und Salz zugeben. Aufkochen und bei niedriger Hitze ohne Deckel 7–8 Minuten köcheln lassen.

Den Paneer und die Erbsen zufügen und 5 Minuten köcheln. Garam masala, Sahne und frischen Koriander unterrühren und vom Herd nehmen. Sofort mit Chili-Koriander-Naan oder anderem indischen Brot servieren.

Gemüse-Korma

Subzion ka korma

Für 4 Personen

60 g ungeröstete Cashewkerne

180 ml kochendes Wasser

1 großzügige Prise Safranfäden, zerstoßen

2 EL heiße Milch

1 kleiner Blumenkohl, in 1 cm große Röschen geschnitten

120 g grüne Bohnen, in 2,5 cm lange Stücke geschnitten

120 g Karotten, in 2,5 cm dicke Stifte geschnitten

250 g junge, festkochende Kartoffeln, mit Schale gekocht und abgekühlt

4 EL Sonnenblumenöl oder natives Olivenöl extra

1 große Zwiebel, fein gehackt

2 TL Ingwerpaste

1 oder 2 grüne Chillies, gehackt (bei Bedarf entkernt)

2 TL gemahlener Koriander

1/2 TL Kurkuma

6 EL warmes Wasser

420 ml Gemüsebrühe

1/2 TL Salz

2 EL Sahne

2 TL Ghee oder Butter

1 TL Garam masala

1/4 TL gemahlene Muskatnuss

Zitronenreis (siehe Seite 78), zum Servieren

Ein Korma wurde ursprünglich nur mit Fleisch oder Geflügel zubereitet, inzwischen gibt es aber auch diverse vegetarische Varianten. Dieses Rezept betört nicht nur den Gaumen, sondern spricht auch das Auge an.

Die Cashewkerne in einer hitzebeständigen Schüssel mit kochendem Wasser übergießen und 20 Minuten ziehen lassen. Unterdessen den Safran in der heißen Milch einweichen.

Das Gemüse portionsweise in einem Topf in kochendem Salzwasser blanchieren. Zunächst den Blumenkohl 3 Minuten blanchieren, abgießen und mit kaltem Wasser abschrecken, dann die grünen Bohnen 3 Minuten blanchieren, abgießen und sofort mit kaltem Wasser abschrecken. Zum Schluss die Karotten 4 Minuten blanchieren, abgießen und mit kaltem Wasser abschrecken. Die Kartoffeln nach Belieben schälen und je nach Größe halbieren oder vierteln.

Das Öl in einem mittelgroßen, schweren Topf bei mittlerer Hitze erwärmen. Zwiebel, Ingwerpaste und Chillies darin unter häufigem Rühren 5–6 Minuten dünsten, bis die Zwiebel glasig ist. Koriander und Kurkuma zufügen und unter Rühren 1 Minute dünsten. Die Hälfte des warmen Wassers zugeben und 2–3 Minuten köcheln. Diesen Vorgang mit dem restlichen Wasser wiederholen, dann unter häufigem Rühren 2–3 Minuten köcheln, bis sich das Öl von der Würzpaste trennt.

Brühe, Safran samt Milch sowie Salz zufügen und aufkochen. Das Gemüse in den Topf geben und wieder aufkochen. 2–3 Minuten bei niedriger Hitze köcheln lassen.

Unterdessen die Cashewkerne mit dem Einweichwasser in einer Küchenmaschine zerkleinern. Ins Korma geben und die Sahne einrühren. Bei sehr niedriger Hitze stehen lassen, während Sie das gewürzte Butterschmalz vorbereiten.

Dazu Ghee in einem sehr kleinen Topf oder einem Butterpfännchen bei niedriger Hitze erwärmen. Garam masala und Muskat darin 20–25 Sekunden anrösten. Das gewürzte Ghee unter das Korma heben. Vom Herd nehmen und sofort mit Zitronenreis servieren.

Tipp

Dieses Korma ist im Kühlschrank 3–4 Tage haltbar, sollte jedoch sehr sanft mit ein wenig warmem Wasser aufgewärmt werden, um die Konsistenz der Sauce zu erhalten.

Kichererbsen in Kokosmilch

Vatana gashi

Dieses Gericht stammt aus den Küstenregionen Südindiens, wo Kokosmilch Teil der Alltagsküche ist. Traditionell werden getrocknete Kichererbsen verwendet, doch Kichererbsen aus der Dose sind eine schnelle und einfache Alternative.

Für 4 Personen

- 280 g Kartoffeln, in 1 cm große Würfel geschnitten
- 240 ml heißes Wasser
- 400 g Kichererbsen aus der Dose, abgespült und abgetropft
- 250 ml Kokosmilch
- 1 TL Salz
- 2 EL Sonnenblumenöl oder natives Olivenöl extra
- 4 große Knoblauchzehen, fein gehackt oder zerdrückt
- 2 EL gemahlener Koriander
- 1/2 TL Kurkuma
- 1/2–1 TL Chilipulver
- Saft von 1/2 Zitrone
- indisches Brot oder frisch gekochter Basmatireis, zum Servieren

Die Kartoffeln in einem mittelgroßen Topf mit dem heißen Wasser übergießen. Zum Kochen bringen und abgedeckt bei niedriger Hitze 6–7 Minuten bissfest garen. Die Kichererbsen zugeben und ohne Deckel 3–4 Minuten kochen, bis die Kartoffeln vollständig gar sind. Kokosmilch und Salz hineingeben und aufkochen.

Unterdessen das Öl in einem kleinen Topf bei niedriger Hitze erwärmen. Den Knoblauch darin unter häufigem Rühren leicht anbräunen. Koriander, Kurkuma und Chilipulver zufügen und unter Rühren 25–30 Sekunden anrösten. Das aromatisierte Öl unter die Kichererbsen heben. Zitronensaft unterrühren und vom Herd nehmen. Sofort mit indischem Brot nach Wahl oder frisch gekochtem Basmatireis servieren.

Tipp

Statt Kartoffeln können Sie auch grüne Bohnen oder eine Mischung aus grünen Bohnen und Karotten verwenden. Auch Augenbohnen passen sehr gut in dieses Gericht.

Beilagen

Oft findet in einem indischen Menü die Beilage mehr Beachtung als die Hauptspeise. Aufwendig gewürzte, gehaltvolle Hauptgerichte sollten durch zurückhaltend aromatisierte Beilagen ergänzt werden, während umgekehrt reichhaltig gewürzte Beilagen von relativ einfachen Hauptspeisen begleitet werden sollten.

Neben den klassischen Kombinationen von Kartoffeln und Spinat sowie Okra und Zwiebeln führt Sie das nächste Kapitel auch an das populäre Linsengericht *Tarka dhal*, ein Minze-Spinat-Chutney, und an *Raita*, einen kalten Joghurtdip, heran. Und köstlich aromatisierter Zitronenreis und verschiedene Brotsorten passen einmalig zu vielen unserer Gerichte.

Knoblauch-Chili-Kartoffeln mit Blumenkohl

Aloo gobi

Für 4 Personen

350 g junge, festkochende Kartoffeln

1 kleiner Blumenkohl

2 EL Sonnenblumenöl oder natives Olivenöl extra

1 TL schwarze oder braune Senfkörner

1 TL Kreuzkümmelsamen

5 große Knoblauchzehen, leicht zerdrückt, dann gehackt

1 oder 2 grüne Chillies, fein gehackt (nach Belieben entkernt)

1/2 TL Kurkuma

1/2 TL Salz

2 EL frisch gehackter Koriander

Aloo gobi findet sich auf der Speisekarte der meisten indischen Restaurants und ist überall auf der Welt gleichermaßen beliebt. Varianten gibt es so viele wie Köche auf dieser Erde. Diese Version ist sehr leicht herzustellen.

Die Kartoffeln mit Schale in einem Topf mit kochendem Wasser 20 Minuten garen. Abgießen, dann 30 Minuten in kaltem Wasser ziehen lassen. Nach Belieben schälen, dann je nach Größe halbieren oder vierteln. Sie sollten nur leicht größer als die Blumenkohlröschen sein.

Unterdessen den Blumenkohl in Röschen von etwa 1 cm Durchmesser aufteilen und in einem großen Topf mit kochendem, gesalzenem Wasser 3 Minuten blanchieren. Abgießen und in Eiswasser abschrecken, um ein Nachgaren zu verhindern, und erneut abgießen.

Das Öl in einem mittelgroßen Topf bei mittlerer Hitze erwärmen. Zunächst die Senfkörner und danach die Kreuzkümmelsamen ins sehr heiße Öl geben.

Vom Herd nehmen, Knoblauch und Chillies zufügen. Wieder auf den Herd stellen und den Knoblauch bei niedriger Hitze unter Rühren leicht anbräunen.

Zunächst Kurkuma und danach Blumenkohl und Kartoffeln einrühren. Salzen, die Hitze leicht erhöhen und unter Rühren erwärmen und mit den Gewürzen überziehen.

Den Koriander unterrühren, vom Herd nehmen und sofort zu einem indischen Hauptgericht nach Wahl sowie Reis oder Brot servieren.

Kartoffeln mit Würzspinat

Saag aloo

Für 4 Personen

350 g junge, festkochende Kartoffeln

250 g Spinatblätter, Tiefkühlware aufgetaut

3 EL Sonnenblumenöl oder natives Olivenöl extra

1 große Zwiebel, in dünne Ringe geschnitten

1 grüne Chili, fein gehackt (nach Belieben entkernt)

2 TL Knoblauchpaste

2 TL Ingwerpaste

1 TL gemahlener Koriander

1/2 TL gemahlener Kreuzkümmel

1/2 TL Chilipulver

1/2 TL Kurkuma

200 g gehackte Tomaten aus der Dose

1/2 TL Zucker

1 TL Salz

3 EL Sahne

Einfach herzustellen und ein perfekter Begleiter zu den meisten Gerichten ist dieses klassische, beliebte Gericht. Eigentlich wird frisch blanchierter, pürierter Spinat verwendet, doch mit tiefgefrorenem Spinat geht es etwas schneller.

Die Kartoffeln mit Schale in einem Topf mit kochendem Wasser 20 Minuten garen. Abgießen und in kaltem Wasser 30 Minuten ziehen lassen. Nach Belieben schälen, dann je nach Größe halbieren oder vierteln.

Unterdessen den Spinat in einem großen Topf mit kochendem Salzwasser 2 Minuten blanchieren und abgießen. Mit einem Pürierstab oder in einer Küchenmaschine fein pürieren. Beiseitestellen.

In einem mittelgroßen Topf 2 Esslöffel Öl bei mittlerer Hitze erwärmen. Die Zwiebel darin unter häufigem Rühren 10–12 Minuten gut anbräunen, in den letzten 2–3 Minuten die Hitze auf Niedrig stellen. Vom Herd nehmen und das Öl aus den Zwiebeln pressen. Die Zwiebeln hierzu mit einem Holzlöffel gegen die Topfwand drücken. Aus dem Topf nehmen und auf Küchenpapier abtropfen lassen.

Den Topf wieder auf den Herd stellen und das restliche Öl darin erhitzen. Chili und Knoblauch- sowie Ingwerpaste hineingeben und bei niedriger Hitze unter Rühren 2–3 Minuten dünsten. Koriander, Kreuzkümmel, Chilipulver und Kurkuma zufügen und unter Rühren 1 Minute dünsten. Tomaten samt Saft zugeben, auf mittlere Hitze erhöhen und den Zucker unterrühren. Unter häufigem Rühren 5–6 Minuten zu einer Paste einkochen.

Kartoffeln, Spinat, Salz und die gebratenen Zwiebeln zugeben und unter Rühren 2–3 Minuten köcheln lassen. Die Sahne einrühren und 1 Minute köcheln. Vom Herd nehmen und sofort zu einem Currygericht nach Wahl servieren.

Champignons in Tomaten-Zwiebel-Sauce

Mushroom bhaji

Für 4 Personen

280 g kleine weiße Champignons, in Scheiben geschnitten

4 EL Sonnenblumenöl oder natives Olivenöl extra

1 Zwiebel, fein gehackt

1 grüne Chili, fein gehackt (nach Belieben entkernt)

2 TL Knoblauchpaste

1 TL gemahlener Kreuzkümmel

1 TL gemahlener Koriander

1/2 TL Chilipulver

1/2 TL Salz

1 EL Tomatenmark

3 EL Wasser

1 EL frische Schnittlauchröllchen, zum Garnieren

In diesem nicht aus der traditionellen indischen Küche stammenden Pilzgericht ist die richtige Gewürzkombination ausschlaggebend, denn nur so wird das natürliche Aroma der Pilze harmonisch verstärkt.

Die Pilze mit angefeuchtetem Küchenpapier kurz abreiben.

Das Öl in einem mittelgroßen Topf bei mittlerer Hitze erwärmen. Zwiebel und Chili darin unter Rühren 5–6 Minuten glasig dünsten. Die Knoblauchpaste zufügen und 2 Minuten dünsten.

Kreuzkümmel, Koriander und Chilipulver hineingeben und unter Rühren 1 Minute dünsten. Pilze, Salz und Tomatenmark unterrühren und alles gut mischen.

Das Wasser gleichmäßig über die Pilze verteilen. Abdecken und bei niedriger Hitze 10 Minuten köcheln lassen. Nach 5 Minuten einmal umrühren. Die Sauce sollte jetzt angedickt sein. Falls sie noch zu flüssig ist, ohne Deckel 3–4 Minuten einkochen.

Auf einen Servierteller geben, mit den Schnittlauchröllchen bestreuen und sofort servieren.

Okra-Zwiebel-Pfanne

Bhindi-piaz

Für 4 Personen

280 g Okras

1 kleine rote Paprika

1 Zwiebel

2 EL Sonnenblumenöl oder natives Olivenöl extra

1 TL schwarze oder braune Senfkörner

1/2 TL Kreuzkümmelsamen

3 große Knoblauchzehen, leicht zerdrückt, dann gehackt

1/2 TL Chilipulver

1/2 TL Salz

1/2 TL Garam masala

frisch gekochter Basmatireis, zum Servieren

Eine exquisite Beilage sind diese Okras mit Zwiebeln. Durch die Kombination von zarten grünen Okras, leuchtend roten Paprika und weißen Zwiebeln, mit schwarzen Senfkörnern bestreut, entsteht ein appetitanregender Farbeffekt.

Die Okras sanft abreiben, gut unter fließend kaltem Wasser abspülen und die harten Stielansätze abschneiden. Diagonal halbieren und beiseitestellen.

Rote Paprika entkernen und in 4 Zentimeter lange Streifen schneiden. Die Zwiebel längs halbieren und in 5 Millimeter dicke Scheiben schneiden.

Das Öl in einer schweren Pfanne oder einem Wok bei mittlerer Hitze erwärmen. Zunächst die Senfkörner, danach die Kreuzkümmelsamen ins sehr heiße Öl geben. Vom Herd nehmen und den Knoblauch zufügen. Wieder auf den Herd stellen und sanft bei niedriger Hitze unter Rühren 1 Minute leicht anbräunen.

Okras, Paprika sowie Zwiebel zugeben und bei mittlerer Hitze 2 Minuten pfannenrühren. Chilipulver und Salz zufügen und weitere 3 Minuten pfannenrühren. Schließlich Garam masala einrühren und vom Herd nehmen. Sofort mit frisch gekochtem Basmatireis servieren.

Tipp

Die richtige Temperatur ist beim Rösten der Senfkörner sehr wichtig, da sie sonst nicht ihr herrlich nussiges Aroma entfalten. Um die Temperatur zu testen, 1–2 Senfkörner ins heiße Öl geben – wenn sie sofort aufplatzen, ist die Hitze genau richtig.

Rote Linsen mit Schalotten

Tarka dhal

Für 4 Personen

- 220 g rote Linsen
- 850 ml Wasser
- 1 TL Salz
- 2 TL Sonnenblumenöl
- 1/2 TL schwarze oder braune Senfkörner
- 1/2 TL Kreuzkümmelsamen
- 4 Schalotten, fein gehackt
- 2 grüne Chillies, gehackt (nach Belieben entkernt)
- 1 TL Kurkuma
- 1 TL gemahlener Kreuzkümmel
- 1 Tomate, gehackt
- 2 EL frisch gehackter Koriander
- Zitronenreis (siehe Seite 78) oder Naan, zum Servieren

Bei der Tarka-Zubereitungsart – auch unter Namen wie Baghaar, Chaunke oder „Gewürzmischung in Öl" bekannt – wird Öl mit Gewürzen aromatisiert und anschließend über Hülsenfrüchte gegossen. Hier sind es die schmackhaften roten Linsen.

Die Linsen so lange in einem Sieb unter fließend kaltem Wasser abspülen, bis das ablaufende Wasser klar ist. In einem Topf mit dem Wasser bedecken und zum Kochen bringen. Auf mittlere Hitze reduzieren und den Schaum abschöpfen. Ohne Deckel 10 Minuten köcheln lassen. Abdecken und bei niedriger Hitze 45 Minuten unter gelegentlichem Rühren köcheln, damit die Linsen nicht am Topfboden ansetzen. Das Salz einrühren.

Unterdessen das Öl in einem kleinen Topf bei mittlerer Hitze erwärmen. Zunächst die Senfkörner, danach die Kreuzkümmelsamen ins sehr heiße Öl geben. Schalotten und Chillies zufügen und 2–3 Minuten unter Rühren dünsten, dann Kurkuma und gemahlenen Kreuzkümmel zugeben. Schließlich die Tomate unter Rühren 30 Sekunden mitdünsten.

Die Gewürzmischung unter die Linsen heben. Den Koriander unterrühren, vom Herd nehmen und sofort mit Zitronenreis oder Naan servieren.

Tipp

Wenn Sie die Linsen zu früh salzen, verlängert sich die Garzeit.

Gurken-Raita

Kheera ka raita

Für 4–5 Personen

1 kleine Salatgurke
150 g Naturjoghurt
1/4 TL Zucker
1 TL Salz
1 TL Kreuzkümmelsamen
10–12 schwarze Pfefferkörner
1/4 TL Paprikapulver (rosenscharf)
Gemüse-Curry, zum Servieren

Raita ist die Bezeichnung für einen kalten Joghurtdip. Im Norden Indiens wird der Joghurt mit geröstetem, zerstoßenem Kreuzkümmel und Chili gewürzt, während man in Südindien ein Joghurtdressing mit heißem Würzöl zubereitet.

Die Salatgurke schälen und die Kerne herauskratzen. In mundgerechte Stücke schneiden und beiseitestellen.

Den Joghurt in einer Schüssel glatt rühren. Zucker und Salz zufügen und gut mischen.

Einen kleinen, schweren Topf bei mittlerer Hitze erwärmen. Wenn der Topf heiß ist, vom Herd nehmen und die Kreuzkümmelsamen und Pfefferkörner darin 40–50 Sekunden rösten, bis sie ihr Aroma entfaltet haben. Aus dem Topf nehmen und 5 Minuten abkühlen lassen. Dann in einem Mörser mit einem Stößel oder mit einem Nudelholz auf einer harten Unterlage zerdrücken.

Eine große Prise dieser Mischung beiseitestellen und den Rest unter den Joghurt rühren. Dann die Gurke unterrühren.

Das Raita in eine Servierschale füllen und mit den beiseitegestellten Gewürzen und dem Paprikapulver bestreuen.

Tipp

Um dem Raita zusätzlichen Biss zu verleihen, noch 40 Gramm geröstete, gesalzene Erdnüsse zerstoßen. Die Hälfte unter den Dip rühren und den Rest kurz vor dem Servieren darüberstreuen.

Minze-Spinat-Chutney

Pudina-palak ki chutney

Für 4–6 Personen

55 g junger, frischer Spinat, geputzt

3 EL frische Minzeblätter

2 EL frisch gehackter Koriander

1 kleine rote Zwiebel, grob gehackt

1 kleine Knoblauchzehe, gehackt

1 grüne Chili, gehackt (nach Belieben entkernt)

2½ TL Zucker

1 EL Tamarindensaft oder Saft von ½ Zitrone

Chutneys und Raitas sind feste Bestandteile der indischen Küche. Snacks und Vorspeisen wie Samosas, Zwiebel-Bhujiyas und Tikkas werden immer mit diversen köstlichen Chutneys gereicht. Dieses Chutney ist einfach sensationell lecker.

Alle Zutaten mit einem Pürierstab oder in einer Küchenmaschine fein pürieren. Dabei nur so viel Wasser wie unbedingt nötig zufügen, um das Pürieren zu erleichtern.

In eine Servierschale geben und abgedeckt mindestens 30 Minuten im Kühlschrank ziehen lassen.

Tipp

Für den aus indischen Restaurants bekannten erfrischenden Minze-Koriander-Dip 1 Esslöffel dieses Chutneys mit 120 g Naturjoghurt mischen. Bei Bedarf noch nachwürzen.

Reis mit Minze, Koriander und gerösteten Pinienkernen

Pudina-dhania ka chawal

Für 4 Personen

1 große Prise Safranfäden, zerstoßen

2 EL heiße Milch

250 g Basmatireis

2 EL Sonnenblumenöl oder natives Olivenöl extra

5-cm-Stück Zimtstange, halbiert

4 grüne Kardamomkapseln, aufgebrochen

2 Sternanise

2 Lorbeerblätter

500 ml lauwarmes Wasser

3 EL frisch gehackter Koriander

2 EL frisch gehackte Minze oder 1 TL getrocknete Minze

1 TL Salz

30 g Pinienkerne

Der duftende Basmatireis harmoniert prächtig mit den gerösteten Pinienkernen. Beide Zutaten werden in Nordindien hoch geschätzt. Dieser verführerische Pilaw erhält durch die Zugabe von Safran einen zusätzlichen exklusiven Pfiff.

Die Safranfäden mit der heißen Milch übergießen und bis zum Gebrauch beiseitestellen.

Den Reis in einem Sieb unter fließend kaltem Wasser abspülen, bis das ablaufende Wasser klar ist. In frischem, kaltem Wasser 20 Minuten ziehen lassen, dann in ein Sieb abgießen.

Das Öl in einem mittelgroßen, schweren Topf bei niedriger Hitze erwärmen. Zimt, Kardamom, Sternanis und Lorbeerblätter darin 20–25 Sekunden sanft anrösten. Den Reis zufügen und unter Rühren mit Öl überziehen.

Das Wasser zugeben, einmal umrühren und zum Kochen bringen. Safran samt Milch, Koriander, Minze sowie Salz hineingeben und 2–3 Minuten kochen. Gut abdecken und 7–8 Minuten bei niedriger Hitze köcheln lassen. Vom Herd nehmen und 7–8 Minuten abgedeckt ziehen lassen.

Unterdessen eine kleine, schwere Pfanne bei mittlerer Hitze erwärmen und die Pinienkerne darin unter Rühren rösten, bis sie ölig glänzen und leicht angebräunt sind. Alternativ auf einem mit Alufolie ausgelegten Backblech unter einem auf mittlerer Hitze vorgeheizten Backofengrill leicht anbräunen. Währenddessen 2–3 Mal wenden. Auf einen Teller geben und abkühlen lassen.

Die Hälfte der gerösteten Pinienkerne zum Reis geben und alles mit einer Gabel auflockern. Auf einen Servierteller geben, mit den restlichen Pinienkernen bestreuen und sofort servieren.

Zitronenreis

Nimbu chawal

Für 4 Personen

250 g Basmatireis

2 EL Sonnenblumenöl oder natives Olivenöl extra

1/2 TL schwarze oder braune Senfkörner

10–12 Curryblätter, möglichst frische

30 g Cashewkerne

1/4 TL Kurkuma

1 TL Salz

500 ml heißes Wasser

2 EL Zitronensaft

1 EL Schnittlauchröllchen, zum Garnieren

Besonders beliebt ist dieser aromatisierte Basmatireis in Südindien. Die Reiskörner werden mit Kurkuma hellgelb gefärbt und zudem mit Senfkörnern verziert. Geschmacklich dominieren indes die Curryblätter.

Den Reis in einem Sieb unter fließendem Wasser abspülen, bis das Wasser klar ist. In kaltem Wasser 20 Minuten ziehen lassen, dann abgießen.

Das Öl in einem beschichteten Topf bei mittlerer Hitze erwärmen. Die Senfkörner, danach Curryblätter und Cashewkerne (die Reihenfolge bitte einhalten) ins sehr heiße Öl geben.

Kurkuma und kurz danach Reis und Salz zufügen. Unter Rühren 1 Minute braten, dann heißes Wasser und Zitronensaft zugeben. Einmal umrühren, zum Kochen bringen und 2 Minuten kochen. Abdecken und 8 Minuten bei sehr niedriger Hitze köcheln lassen. Vom Herd nehmen und 6–7 Minuten abgedeckt ziehen lassen. Mit einer Gabel auflockern und in eine Servierschale geben. Mit Schnittlauch bestreuen und sofort servieren.

Tipp

Es ist wichtig, den Reis nach dem Kochen ruhen zu lassen, damit die Körner die restliche Flüssigkeit absorbieren können. Den Reis mit einem Metalllöffel in die Servierschale geben, da ein Holzlöffel die Körner zerquetschen könnte.

Chapati

Chapati

Ergibt 16 Stück

300 g Chapati-Mehl (Atta), plus etwas mehr zum Bestäuben

1 TL Salz

½ TL Zucker

2 EL Sonnenblumenöl oder natives Olivenöl extra

250 ml lauwarmes Wasser

Chapatis werden in indischen Familien täglich frisch zubereitet. Sie werden aus Atta-Mehl, einer Vollkornmischung aus Gerste, Hirse und Weizen, hergestellt, das in Asia-Läden erhältlich ist.

Chapati-Mehl, Salz und Zucker in einer großen Rührschüssel mischen. Das Öl zufügen und mit den Fingern gut in die Mehlmischung einarbeiten. Nach und nach das Wasser zugießen und alles gleichzeitig zu einem Teig vermengen. Den Teig nun auf einer bemehlten Arbeitsfläche 4–5 Minuten durchkneten. Der Teig ist fertig, wenn jegliche Flüssigkeit vom Mehl absorbiert wurde. Alternativ den Teig in einer Küchenmaschine zubereiten. In Frischhaltefolie einschlagen und 30 Minuten ruhen lassen.

Den Teig halbieren und jede Hälfte in 8 gleich große Stücke teilen. Jedes Stück zu einer Kugel formen und flach drücken. Mit Mehl bestäuben und zu einem Teigfladen (15 cm Ø) ausrollen. Während des Ausrollens eines Teigfladens den restlichen Teig abdecken. Die Chapatis gelingen besser, wenn sie frisch ausgerollt werden. Backen Sie also erst ein Chapati, bevor Sie das nächste ausrollen.

Eine Chapati-Pfanne (Tawa) oder eine große schwere Pfanne bei mittlerer Hitze erwärmen. Sofort 1 Chapati hineingeben und 30 Sekunden backen. Mit einem Pfannenwender umdrehen und backen, bis die Oberfläche Blasen wirft. Erneut wenden. Die Teigenden sanft mit einem sauberen Tuch oder einem Pfannenwender herunterdrücken, damit der Chapati gut aufgeht. Optimal sind die Chapatis, wenn sie beim Backen eine große Blase bilden, die zwar wieder zusammenfällt, die Fladen aber schön locker macht. Sie sind fertig, wenn sich an der Unterseite braune Stellen bilden. Aus der Pfanne nehmen und warm halten. Hierzu die Chapatis zunächst in Küchenpapier und danach in Alufolie einschlagen. Den Vorgang wiederholen, bis alle Teigfladen gebacken sind.

Chili-Koriander-Naan

Mirch-dhania ke naan

Das Wort „Naan" ist persischen Ursprungs und bedeutet „Brot". Eigentlich wird Naan im *tandur*, dem indischen Tonofen, gebacken, doch auch unter einem sehr heißen Backofengrill gelingt er ausgezeichnet.

Ergibt 8 Stück

- 400 g Mehl
- 2 TL Zucker
- 1 TL Salz
- 1 TL Backpulver
- 1 Ei
- 250 ml Milch
- 2 EL Sonnenblumenöl oder natives Olivenöl extra, plus etwas mehr zum Bestreichen
- 2 frische rote Chillies, gehackt (nach Belieben entkernt)
- 100 g frisch gehackter Koriander
- 2 EL zerlassene Butter

Mehl, Zucker, Salz und Backpulver in einer großen Schüssel mischen. Ei und Milch in einer Schale verquirlen und nach und nach mit einem Holzlöffel unter das Mehl rühren und alles zu einem Teig verarbeiten.

Den Teig auf eine Arbeitsfläche geben, in die Mitte eine Vertiefung drücken und das Öl hineingeben. 3–4 Minuten kneten, bis das Öl vom Mehl aufgenommen wurde und ein glatter, geschmeidiger Teig entstanden ist. In Frischhaltefolie einschlagen und 1 Stunde ruhen lassen.

Den Teig in 8 gleich große Stücke teilen. Jedes Stück zu einer Kugel formen und etwas flach drücken. Die Fladen mit Frischhaltefolie abdecken und 10–15 Minuten ruhen lassen.

Den Backofengrill 10 Minuten auf höchster Stufe vorheizen, ein Backblech mit Alufolie auslegen und mit Öl bestreichen.

Traditionell hat Naan eine Tropfenform. Jeden Fladen ausrollen (13 cm Ø) und leicht an einem Ende ziehen. Weiter ausrollen und dabei die Tropfenform beibehalten, bis ein Durchmesser von 23 Zentimetern erreicht ist. Alternativ zu Kreisen von 23 Zentimetern Durchmesser ausrollen.

Chillies und Koriander mischen, in 8 gleich große Portionen teilen und über den Teigfladen verteilen. Leicht andrücken, damit die Mischung gut am Teig haftet. Sofort 1 Naan auf der mittleren Schiene unter dem vorgeheizten Backofengrill 1 Minute backen, bis er leicht aufgegangen und stellenweise braun ist. Das Brot wenden, sobald braune Stellen an der Oberfläche erscheinen. Weitere 45–50 Sekunden leicht anbräunen. Aus dem Ofen nehmen und mit Butter bestreichen. In ein Küchentuch wickeln und die restlichen Fladenbrote backen.

Desserts

Aufwendige Desserts werden in Indien meist nur zu besonderen Anlässen serviert. Je nach Region gibt es zahlreiche unterschiedliche Süßspeisen als krönenden Abschluss für ein Festmahl. Im Alltag werden nach dem Essen häufig Früchte gereicht, sie bilden einen angenehmen Kontrast zu den doch recht pikanten Speisen.

Freuen Sie sich auf eine Auswahl der beliebtesten Nachspeisen Indiens, wie das cremig-eisige Mango-Kulfi, den sahnigen Milchreis mit Rosenwasser und Kardamom sowie den warmen Karottenpudding mit Nüssen. Ebenso wie bei der Vorspeise heißt es: Wählen Sie ein Dessert, das mit dem Hauptgericht harmoniert!

Indisches Mangoeis

Aam ki kulfi

Für 6–8 Personen

400 ml Kondensmilch
300 g Sahne
30 g gemahlene Mandeln
100 g Zucker
450 g Mango, püriert
1 TL frisch gemahlene Kardamomsamen
30 g geschälte, ungesalzene Pistazien, zum Dekorieren

Kulfi ist die Bezeichnung für ein mit Früchten und Nüssen aromatisiertes Milcheis. Eigentlich wird dabei Milch so lange reduziert, bis sie die Konsistenz von Kondensmilch hat. Hier wird mit Sahne angereicherte Kondensmilch verwendet.

Kondensmilch und Sahne in einem schweren Topf bei mittlerer Hitze erwärmen. Mandeln und Zucker in einer Schüssel mischen und in die Milchsahne geben. 6–9 Minuten unter Rühren leicht andicken.

Vom Herd nehmen und ganz auskühlen lassen. Von Zeit zu Zeit umrühren, damit sich keine Haut bildet. Mangopüree und Kardamom unter die abgekühlte Masse rühren.

Unterdessen einen kleinen Topf bei mittlerer Hitze erwärmen und die Pistazien darin 2–3 Minuten anrösten. Abkühlen lassen und leicht zerstoßen. Bis zur Verwendung in einem luftdicht verschließbaren Behälter lagern.

Kulfi wird traditionell kegelförmig serviert. In Asia-Läden können Sie spezielle Plastik- oder Metallbecher finden, doch auch andere Becher sowie Förmchen für Eis am Stiel sind geeignet. Die Becher mit der *Kulfi*-Masse füllen und 5–6 Stunden einfrieren. In echte *Kulfi*-Becher passen etwa 2 Esslöffel der Masse, doch auch größere Behälter sind geeignet. Das Eis vor dem Servieren 40 Minuten in den Kühlschrank stellen, dann aus den Bechern stürzen oder mit einem scharfen Messer in Portionen schneiden. Mit den zerstoßenen Pistazien bestreuen und servieren.

Tipp

Vor dem Erhitzen der Milch und der Sahne den Boden des Topfs mit etwas zerlassener Butter oder Öl bestreichen. So setzt die Mischung nicht an.

Indisches Reisdessert

Firni

Reismehl wird in diesem in Nordindien sehr beliebten Dessert mit Aprikosen, Rosinen, Mandeln und Pistazien in angedickter Milch gekocht und mit Rosenwasser und Kardamom verfeinert. Am besten schmeckt es gekühlt.

Für 4 Personen

1 große Prise Safran, zerdrückt
2 EL heiße Milch
3 EL Ghee oder Butter
90 g Reismehl
30 g Mandelblättchen
50 g Rosinen
600 ml Milch
480 ml Kondensmilch
50 g Zucker
12 getrocknete Aprikosen, in dünne Streifen geschnitten
1 TL frisch gemahlene Kardamomsamen
1/2 TL frisch gemahlene Muskatnuss
2 EL Rosenwasser

Für die Dekoration

30 g Walnussstücke
2 EL geschälte, ungesalzene Pistazien

Den zerstoßenen Safran mit der heißen Milch übergießen und bis zur Verwendung ziehen lassen.

Etwa 2 Teelöffel Ghee beiseitestellen und den Rest in einem schweren Topf bei niedriger Hitze zerlassen. Reismehl, Mandeln und Rosinen zufügen und unter Rühren 2 Minuten andünsten. Die Milch zugeben und bei mittlerer Hitze unter Rühren aufkochen. Bei niedriger Hitze unter häufigem Rühren 10–12 Minuten köcheln.

Kondensmilch, Zucker und Aprikosen (bis auf ein paar Streifen zum Dekorieren) zufügen. Unter Rühren zu einer dicken Sauce einkochen.

Den eingeweichten Safran samt Milch sowie Kardamom, Muskat und Rosenwasser gut unterrühren und vom Herd nehmen. Abkühlen lassen und abgedeckt mindestens 2 Stunden in den Kühlschrank stellen.

Das beiseitegestellte Ghee in einem kleinen Topf bei niedriger Hitze zerlassen. Die Walnüsse darin unter Rühren leicht anbräunen. Mit einem Schöpflöffel aus dem Topf nehmen und auf Küchenpapier abtropfen lassen. Die Pistazien im selben Ghee anbräunen, mit einem Schöpflöffel herausnehmen und auf Küchenpapier abtropfen lassen. Die Pistazien abkühlen lassen, dann leicht zerstoßen.

Das Dessert mit den gerösteten Nüssen sowie den Aprikosenstreifen dekorieren und servieren.

Warmer Karottenpudding mit Nüssen und Rosinen

Gajar ka halwa

Für 4–6 Personen

- 4 EL Ghee oder Butter
- 2,5-cm-Stück Zimtstange, halbiert
- 30 g Mandelblättchen
- 30 g Cashewkerne
- 50 g Rosinen
- 450 g geriebene Karotten
- 600 ml Milch
- 150 g Zucker
- 1/2 TL frisch gemahlene Kardamomsamen
- 1/2 TL frisch gemahlene Muskatnuss
- 60 g Sahne
- 2 EL Rosenwasser
- Vanilleeis oder Schlagsahne, zum Servieren

Für dieses herrliche Dessert werden geriebene Karotten in Milch zu einer puddingartigen Masse eingekocht. Zusätzlichen Biss und verführerisches Aroma erhält es durch Rosinen, Mandeln, Cashewkerne, Kardamom, Muskat und Rosenwasser.

Das Ghee in einem schweren Topf bei niedriger Hitze zerlassen und die Zimtstange darin 25–30 Sekunden anrösten. Mandeln und Cashewkerne zufügen und unter Rühren leicht anbräunen. Etwa 1 Teelöffel der Mischung beiseitestellen.

Rosinen, Karotten, Milch und Zucker zufügen, bei mittlerer Hitze aufkochen und die Milch 15–20 Minuten bei niedriger bis mittlerer Hitze verdunsten lassen. Dabei häufig rühren und sich an der Topfwand absetzende Milch abkratzen und mit der restlichen Masse mischen. Darauf achten, dass an der Wand abgesetzte Milch nicht anbräunt oder anbrennt, denn so bekommt das Dessert einen unangenehmen Beigeschmack.

Kardamom, Muskat, Sahne und Rosenwasser unterrühren. Vom Herd nehmen und leicht abkühlen lassen, dann mit einer Kugel Vanilleeis oder einem Klacks Schlagsahne servieren. Schließlich noch mit den beiseitegestellten Nüssen bestreuen.

Süßer Safranreis mit karamellisierter Ananas

Ananas ka muzzafar

Für 4–6 Personen

1 große Prise Safranfäden, zerstoßen

2 EL heiße Milch

200 g Basmatireis

½ frische Ananas (225 g nach dem Putzen)

4 EL Ghee oder Butter

180 g Zucker

4 grüne Kardamomkapseln, aufgebrochen

4 Nelken

2 x 1-cm-Stücke Zimtstange

300 ml warmes Wasser

zerlassene Butter oder Pflanzenöl, zum Bestreichen

70 g Rosinen

30 g geröstete Mandelblättchen, zum Dekorieren

Sahne, zum Servieren

Hier geht das exotische, süßsäuerliche Aroma der Ananas eine verlockende Verbindung mit zartem Basmatireis und aromatischem Safran ein. Diese göttliche Nachspeise kann warm oder kalt gereicht werden und wird hier mit etwas flüssiger Sahne serviert.

Den Backofen auf 160 °C vorheizen. Den zerstoßenen Safran mit der heißen Milch übergießen und bis zur Verwendung ziehen lassen.

Den Reis in einem Sieb unter fließend kaltem Wasser abspülen, bis das ablaufende Wasser klar ist. Abtropfen lassen.

Die Ananas schälen, die schwarzen „Augen" mit einem kleinen, scharfen Messer herausschneiden. Das Fruchtfleisch in mundgerechte Stücke schneiden.

In einer großen, schweren Pfanne 1 Esslöffel Ghee bei niedriger Hitze zerlassen. Die Ananas darin mit 2 Esslöffeln Zucker kurz andünsten und bei hoher Hitze 3–4 Minuten unter Rühren leicht karamellisieren. Vom Herd nehmen.

Das restliche Ghee in einem schweren Topf bei niedriger Hitze zerlassen. Kardamomkapseln, Nelken und Zimtstange hineingeben und unter Rühren 25–30 Sekunden anrösten. Den Reis zufügen, die Hitze leicht erhöhen und unter Rühren 2–3 Minuten dünsten. Safran samt Milch sowie das warme Wasser zugießen, zum Kochen bringen und 2 Minuten kochen.

Bei niedriger Hitze ohne Deckel 2–3 Minuten köcheln, bis der Reis den Kochsud größtenteils absorbiert hat. Vom Herd nehmen.

Einen Schmortopf am Boden und den Seiten mit ein wenig Butter einfetten und ein Drittel des Reises hineingeben. Darüber ein Drittel der Rosinen streuen, mit einem Drittel der Ananasstücke fortfahren und dann ein Drittel des restlichen Zuckers darüberstreuen. Dies noch zweimal wiederholen und mit Rosinen, Ananas und Zucker abschließen.

Ein Stück Backpapier anfeuchten, leicht zerknüllen und dann locker über das Dessert legen. Mit Alufolie abdecken und die Kanten gut am Topfrand festdrücken. Den Deckel aufsetzen und im vorgeheizten Ofen (mittlere Schiene) 35–40 Minuten backen. Den Ofen ausschalten und den Reis 10–15 Minuten im Ofen ruhen lassen.

Mit den Mandelblättchen dekorieren und heiß oder kalt mit flüssiger Sahne servieren.

Ingwereis mit Dattel-Tamarinden-Sauce

Adrak, khajur aur imli ice cream

Für 4–5 Personen

Für das Eis

1 kg Vanilleeis, Fertigprodukt

2 TL gemahlener Ingwer

Für die Dattel-Tamarinden-Sauce

70 g Rosinen

100 g getrocknete, entsteinte Datteln

250 ml kochendes Wasser

2 gehäufte TL Tamarindenkonzentrat oder 3 EL Tamarindensaft

50 g Demerara-Zucker

200 g kandierter Ingwer, gehackt, zum Servieren

In dieser „Mogelversion" eines köstlich-exotischen indischen Desserts kommt Vanilleeis aus dem Supermarkt zum Einsatz, das mit gemahlenem Ingwer gemischt und einer verführerischen Dattel-Tamarinden-Sauce serviert wird.

Das Eis 35–40 Minuten bei Zimmertemperatur antauen lassen, dann in eine Schüssel füllen. Den gemahlenen Ingwer zufügen und gut verquirlen. Die Mischung wieder in die Packung füllen und 3–4 Stunden einfrieren.

Unterdessen die Sauce zubereiten. Hierzu Rosinen und Datteln in einer hitzebeständigen Schüssel mit dem kochenden Wasser übergießen und 15–20 Minuten ziehen lassen. Mit Tamarindenkonzentrat und Zucker in einer Küchenmaschine fein pürieren. In eine nicht metallische Schüssel füllen und abkühlen lassen.

Ein paar Eiskugeln in dekorative Serviergläser füllen und mit Sauce beträufeln. Mit kandiertem Ingwer bestreuen und sofort servieren. Die restliche Sauce separat dazu reichen.

Register